BIBLIOTHÈQUE CONTEMPORAINE

GALOPPE D'ONQUAIRE

LE SPECTACLE AU COIN DU FEU

BREDOUILLE — LA LAITIÈRE DE TRIANON — MANCHE A MANCHE
L'ACCORD PARFAIT — LA MORT DE SOCRATE
L'AMOUR A L'ÉPÉE — LOIN DU BRUIT — LE CAPITAINE ROCH
LA BOURSE OU LA VIE — L'EAU DE JOUVENCE
MARIAGE EN POSTE

PARIS
MICHEL LÉVY FRÈRES, ÉDITEURS
RUE VIVIENNE, 2 BIS, ET BOULEVARD DES ITALIENS, 15
A LA LIBRAIRIE NOUVELLE
1863

LE
SPECTACLE
AU COIN DU FEU

CHEZ LES MÊMES ÉDITEURS

OUVRAGES

DE

GALOPPE D'ONQUAIRE

Format grand in-18

Le Diable Boiteux a Paris. . . . .   1 vol.
Le Diable Boiteux en province. . . . . . .   1 vol.
Le Diable Boiteux au village. . . . .   1 vol.
Le Diable Boiteux au chateau. . . . . . .   1 vol.

Les Vertueux de province, comédie en trois actes, en vers.

Comment les Femmes se vengent, comédie en deux actes, en vers.

Le Chêne et le Roseau, comédie en un acte, en prose.

Le Chateau de Coëtaven, comédie en un acte, en prose.

L'Homme de robe, vaudeville.

L'Amour pris aux cheveux, vaudeville.

Lagny. — Imprimerie de A. Varigault.

LE
SPECTACLE
AU COIN DU FEU

PAR

GALOPPE D'ONQUAIRE

Bredouille
La Laitière de Trianon — Manche à manche
L'Accord parfait
La Mort de Socrate — L'Amour à l'Épée
Loin du Bruit — Le Capitaine Roch
La Bourse ou la Vie
L'Eau de Jouvence — Mariage en Poste

PARIS

MICHEL LÉVY FRÈRES, LIBRAIRES ÉDITEURS

RUE VIVIENNE, 2 BIS, ET BOULEVARD DES ITALIENS, 15

A LA LIBRAIRIE NOUVELLE

—

1863

Tous droits réservés

AU MAESTRO ROSSINI

Hommage respectueusement affectueux de l'auteur,

GALOPPE D'ONQUAIRE.

AVANT-PROPOS

—◦∞◦—

Toutes les pièces contenues dans ce volume ont été représentées, non-seulement sur les théâtres de société indiqués en tête de chaque ouvrage, mais sont encore jouées tous les jours, l'hiver, dans les salons, et, l'été, dans les châteaux. Restées à l'état de manuscrit, on n'a pu jusqu'ici se les procurer qu'en s'adressant à l'auteur, qui, ne tirant aucun profit de ce travail non encore soumis aux bénéfices des droits d'auteur, se voit parfois obligé de faire lui-même les frais de copie et d'envoi. Il est vrai que beaucoup de ces lettres lui ont valu des relations agréables et des amitiés aussi précieuses qu'honorables; mais il n'en est pas moins certain qu'il en a échappé beaucoup, plus encore, faute de pouvoir suffire à ces demandes.

C'est pour répondre à un désir exprimé avec tant de bienveillance qu'il publie aujourd'hui la collection de ses petits opéras, qui, tous, ont dû leur succès à l'indulgence des auditeurs, et un peu aussi au ton de bonne compagnie que le poëte a toujours voulu faire régner dans son œuvre, même quand le sujet devait l'entraîner vers certaines libertés. C'est ce qui a fait la vogue de ces petites scènes composées pour être jouées dans un monde qui n'aime pas à rougir de ses sourires, et qui consent à s'amuser, pourvu que la mère puisse faire partager sa gaieté à ses filles. En ceci, l'auteur a réussi, et, en livrant ce recueil à l'impression, il espère qu'on laissera lire à tous ce que tous ont vu représenter à Paris et à la campagne.

En s'attribuant cette part du succès, l'auteur serait injuste, s'il oubliait d'ajouter que c'est surtout à ses éminents collaborateurs, qu'il doit toutes ses réussites, et que, bien souvent, on eût pu appliquer à son œuvre ce mot déjà vieux : « Ce qui ne peut se dire se chante. » Il plaint ses lecteurs, qui ne trouveront ici que les paroles, sans la musique.

Il doit également des remercîments à tous les artistes qui l'ont si bien interprété, et à qui il reporte la plus grande part des applaudissements accordés à son œuvre.

S'il ose dédier son livre à l'immortel auteur de tant de chefs-d'œuvre, ce n'est pas outrecuidance et vanité de sa part : il sait que rien n'égalerait sa sottise, s'il s'imaginait que le nom de Rossini fût le moins du monde compatible avec de si faibles choses; mais, aussi, il n'oubliera jamais l'accueil fait à ses bluettes dans le splendide salon de celui qui l'honore de son amitié, et il s'est dit qu'il est parfois permis d'offrir des fleurs dans une corbeille, aux divinités habituées à l'encens brûlé dans des vases d'or. Sa dédicace n'est que de la reconnaissance, et c'est en cela que l'hommage sera accueilli avec la bonté qu'il a toujours trouvée dans le cœur et dans l'esprit de celui qui l'a si souvent encouragé de son approbation.

Pour ceux qui, non contents de nous lire, voudraient nous jouer, nous avons le moyen facile de les satisfaire : chaque auteur de la musique, désigné en tête des pièces, tient à leur disposition la partition manuscrite pour piano, et ces partitions avec paroles ne pourront jamais être gravées sans l'autorisation du poëte et des éditeurs de ce volume; seulement, elles seront toujours indiquées aux maîtres de maison qui en feront la demande, en justifiant qu'ils ont acheté autant de volumes qu'il y a de personnages, plus le souffleur. C'est là notre petite spéculation; elle est aussi franche que peu ambitieuse.

Et maintenant, nous terminons en émettant un seul vœu : c'est que la lecture ne soit pas moins favorable que la représentation, et la seconde édition ne se fera pas attendre.

BREDOUILLE

OPÉRETTE EN UN ACTE

MUSIQUE DE PAUL BERNARD

Représentée pour la première fois dans les salons de madame la princesse Vogoridès.

PERSONNAGES

FERNAND. . . . . M. Jules Lefort.
ROSETTE. . . . . Mme Gaveaux Sabattier.

La scène se passe au bord des bois.

BREDOUILLE

SCÈNE PREMIÈRE.

FERNAND, entrant en costume de chasse.

AIR.

Vive la chasse!
C'est mon plaisir :
Rien ne remplace
Ce doux loisir.

Tous les matins, avant l'aurore,
On bâille en se frottant les yeux ;
On voudrait bien dormir encore,
Mais l'alouette chante aux cieux...
On est à jeun, l'estomac crie,
La meute aboie, on part enfin ;
On a six ch'vaux à l'écurie :
On marche à pied, mourant de faim.
    Vive la chasse!
. . . . . .
. . . . . .

Sous le soleil ou sous la pluie,
On porte et par monts, et par vaux,
Outre un carnier qui vous ennuie,
Un fusil pesant vingt kilos...

Le lièvre court, la perdrix passe :
On tire... on les manque tous deux...
Et, lorsqu'au soir finit la chasse,
On est bredouille... on rentre heureux!

Vive la chasse!

. . . . . .

. . . . . .

(Il dépose son fusil et s'assied.)

Ah !... par les os de saint Hubert! Je suis rompu !... et pas une mauviette dans mon carnier !... Je n'ai pas même brûlé une amorce, et je ne puis avoir la consolation de me figurer, selon l'usage, que j'ai démonté douze perdreaux, six cailles et tous les lièvres du terroir... Je suis bredouille ; il n'y a pas à se le dissimuler... Faites donc votre entrée avec cela au château que j'aperçois là-bas, pour être présenté solennellement, en qualité de futur, à la fille du premier chasseur de Seine-et-Marne ! C'est qu'il paraît vraiment que ce que m'a dit mon cher oncle est sérieux... Le marquis d'Armancourt, ancien veneur de Sa Majesté, est tellement entiché de la chasse, qu'il aimerait mieux prendre pour gendre un bon braconnier, qu'un gentilhomme maladroit... Il a renvoyé dernièrement, m'a-t-on dit, deux de ses gardes : l'un avait tiré deux coups sur un lièvre au gîte... et l'avait manqué ; l'autre n'avait pas tiré du tout, et avait attrapé un perdreau démonté... Il les mit à la porte, et se frotta les mains, en disant que c'était le seul moyen de les voir chasser convenablement... Quant à la fille, je ne l'ai jamais vue ; on la dit charmante ; mais mon oncle me prévient de me bien tenir : elle a les goûts de monsieur son père, et pas moyen de lui offrir son cœur, autrement qu'en guêtres Godinot, et en fusil Lefaucheux... Avec un lièvre et douze perdreaux, on aurait chance de ne pas déplaire... Ajoutez la douzaine de cailles et un faisan : on serait sûr de séduire... Du reste, bonne fille au demeurant : une Diane dont on voudrait être l'Endymion... Je suis encore prévenu que, pour mieux juger son futur, elle doit recourir à une petite ruse, qui n'en est plus une, depuis qu'on en a abusé dans soixante opéras-comiques de l'ancien répertoire : mademoiselle Elvire d'Armancourt, sous un déguisement quelconque, gardera l'incognito et tâchera de me faire jaser... Je la vois d'ici, en soubrette, ou en bergère... C'est vieux comme Dalayrac et Grétry ! Aussi, nous verrons bien... (Il se lève.) Peste !... Le château est sous les armes... J'aperçois les cuisines qui envoient leur joyeuse fumée à travers les grands ormes de l'avenue... Si c'est pour rôtir ce que j'apporte !... (Regardant sa montre.) C'est qu'il n'est pas trois heures... et j'ai très-faim... Heureusement, j'ai là mon goûter... Et mon oncle qui ne revient pas !... Il s'est enfoncé, dans ce taillis, à la poursuite d'un lapin... Grand bien lui fasse : moi, je vais manger. (Il s'apprête à prendre les provisions dans son carnier.) Oh ! oh ! qu'est-ce que je vois là !... Une compagnie de perdreaux à cinquante pas !... Voilà de quoi me débredouiller ! (Il prend son fusil.) En passant le long des buissons, je puis tirer au posé... C'est un coup de mazette, mais, ma foi, le beau-père ne le saura pas. (Appelant son chien.) Tout beau, Phanor !... Derrière !... (Il sort avec précaution pendant la ritournelle suivante.)

SCÈNE II.

ROSETTE. Elle porte un carnier plein de gibier.

COUPLETS.

I

Ne parlez pas tant, Lisandre,
Quand nous tendons nos filets ;
Les oiseaux vont vous entendre
Et s'enfuiront des bosquets.
Aimez-moi sans me le dire :
A quoi bon tous ces grands mots ?...
Calmez ce bruyant délire,
Car ça fait peur aux oiseaux.

II

Bon !... vous m'appelez cruelle
Vraiment, vous perdez l'esprit.

Vous me croyez infidèle?
Ne faites pas tant de bruit...
Quoi! vous parlez de vous pendre
Aux branches de ces ormeaux!
Mais vous savez bien, Lysandre,
Que ça f'rait peur aux oiseaux.

III

Vous tenez ma main, Lysandre,
Comment puis-je vous aider?...
Il faudrait, à vous entendre,
Vous accorder un baiser...
Oh! prenez-en deux bien vite,
Et retournez aux pipeaux...
Mieux vaut en finir tout' d' suite,
Car ça fait peur aux oiseaux.

V'là que j'sais ma chanson tout d'même!... et Mathurin n'dira plus que j'ons pas pensé à lui... C'est les couplets que j'dois chanter à not'noce... Dieu de Dieu!... Ça s'ra-t-i gentil! Le garçon jardinier du château, épousant la fille du plus fin braconnier de la contrée, ça fera un fier repas!... Papa fournira la broche, et Mathurin se chargera de la légume... Et dire que ça serait déjà fait depuis longtemps, sans le père à Mathurin, qui veut que j'apportions une dot. A quoi que ça sert une dot? Puisque j'laimions et qu'il m'aimiont!... L'amour, c'est une richesse; mais il dit comme ça que l' feu du cœur n' fait pas bouillir la marmite... Si bien qu' not' mariage qui d' vait s' faire aux cerises, est remis aux prunes... Enfin!... Heureusement que l'année est bonne et que l' gibier donne à c' te campagne! V'là déjà cent vingt pièces que l' papa rapporte depuis huit jours. (Montrant son carnier.) En voici encore là-dedans dix-huit qu'il a tuées à ce matin, et que j' vas vendre à la ville : ma dot se fait... Les cailles ont avancé notre bonheur de huit jours, et quand la bécasse paraîtra, j' pourrons aller trouver l' père à Mathurin. (On entend Fernand qui crie : — « Ici, Phanor! tout beau! ici!») Ah! mon Dieu! qu'est-ce que c'est que ça?... Si c'était un garde!... C'est que M. le marquis ne plaisante pas : cachons l'gibier... Les procès-verbals, ça r'culerait not' mariage jusqu'aux châtaignes! (Elle pose son carnier à droite.)

SCÈNE III.

FERNAND, ROSETTE.

DUO.

FERNAND, sans voir Rosette.
Vingt-deux perdreaux! Un coup superbe!
ROSETTE, à part.
C'est un chasseur!... Il est gentil!
FERNAND, sans voir.
A quinze pas, dormant sur l'herbe,
Je vise... Clac!... Maudit fusil!
Il a raté!
ROSETTE, qui a écouté, à part.
V'là du profit!
(Elle s'approche et fait la révérence.)
Bonjour, monsieur, ben vot' servante.
FERNAND.
Les jolis yeux, le joli pied!
ROSETTE.
Ben obligée...
FERNAND, à part.
Elle est charmante!
ROSETTE, à part.
C'est l' cas d' lui vendr' tout mon gibier.
FERNAND, à part.
Mais n'allons pas nous y fier.

ENSEMBLE.

FERNAND, à part.
C'est elle peut-être
Qui se cache ici,
Afin de connaître
Son futur mari!

ROSETTE, à part.

Ce chasseur peut-être
Va m' donner ici
De quoi me permettre
D'avoir un mari!

FERNAND.

Dans les bois seulette,
Où donc allez-vous?

ROSETTE.

Cueillir la noisette,
En rentrant cheu nous.

FERNAND.

Mais si le jour baisse,
N'aurez-vous pas peur?

ROSETTE.

J'ons pas de richesse,
J' craignons pas d' voleur,
Et j' pouvons sans cesse
Dormir sans frayeur.

FERNAND.

Mais votre sourire
Vaut mieux qu'un trésor.

ROSETTE.

Tiens! moi qui n' fais qu' rire,
J' suis pas riche encor!

FERNAND.

Fraîcheur et jeunesse
Ont grande valeur.

ROSETTE.

J' n'ons qu' ça pour richesse :
J' craignons pas d' voleur;
Aussi, chacun m' laisse
Passer sans m' fair' peur.

FERNAND. Il dépose son fusil.

Ma belle enfant, quel est votre âge?

ROSETTE.

Seize ans.

FERNAND.

Comment vous nomme-t-on

ROSETTE, à part.

Est-il curieux !...

(Haut.)

Dans le village,
On m' nomm' Rosett'.

FERNAND.

Le joli nom!
C'est fait pour vous.

ROSETTE.

Vous êt' ben bon.
C'est mon parrain qu'il faut qu'on vante.

FERNAND.

Ce parrain-là n'est pas sorcier.

ROSETTE, faisant la révérence.

Ben obligée.

FERNAND, à part.

Elle est charmante !

ROSETTE, de même.

C'est l' cas d' lui vendr' tout mon gibier !

FERNAND, de même.

Mais n'allons pas nous y fier !

REPRISE DE L'ENSEMBLE.

FERNAND, à part.

C'est elle peut-être, etc.

ROSETTE, à part.

Ce chasseur peut-être, etc.

FERNAND, à part.

Une simple paysanne n'aurait pas tant de fraîcheur, et cette naïveté n'est qu'apparente... Attention !

ROSETTE, de même.

Un fusil neuf, des gants jaunes, et un carnier à mailles de soie... J' connais ça... Il y a place là-dedans, pour avancer not' mariage de huit perdreaux et un lièvre.

FERNAND, haut.

Dites-moi, Rosette... puisque Rosette il y a : je suis charmé de vous rencontrer; mais voulez-vous être franche avec moi ?

ROSETTE.

Si j' voulons être franche?... Quoi que c'est qu' ça?

FERNAND, à part.

Très-bien !... Il est évident qu'elle joue son rôle... (Haut.) Mais... être franc, c'est dire la vérité.

ROSETTE.

Pour c' qui est d' ça, j'ons jamais menti au prochain.

FERNAND, à part.

Elle patoise délicieusement! (Haut.) Alors, m'avoueriez-vous sans trop de peine que ce n'est pas seulement pour cueillir la noisette, que vous êtes venue ici, hein?

ROSETTE.

Pardine!... pisque j'allions vous l' dire... J'en ons ben cueilli tout d' même... à preuve... (Elle tire une poignée de noisettes de sa poche.) Mais il y a encore autre chose. (A part.) J' vas lui proposer l' gibier.

FERNAND.

Ah!... vous voyez bien!... Et... n'est-il pas vrai encore que, dans ce moment, il pourrait bien être question pour vous d'un mariage, qui pourrait bien aussi se faire sous peu?

ROSETTE.

C'est que c'est vrai! (A part.) Ah! mais... ah! mais!... c'est donc un sorcier, ce monsieur-là!... Qui qui lui a dit tout ça?

FERNAND, à part.

Elle se trouble!... Maintenant, que je sais à quoi m'en tenir, feignons de tout ignorer. (Haut.) Et... votre futur... vous plaît sans doute?

ROSETTE.

Futur!... Ah ben, par exemple! J'suis une honnête fille : j'ons jamais heü de futur, monsieur!

FERNAND.

Mais celui que vous devez épouser...

ROSETTE.

Ah! pardon, excuse : c'est mon promis que vous voulez dire... Si j'laimions!... C'te question!... Est-ce qu'on épouse sans aimer?... Autant dire que les blés poussent sans soleil.

FERNAND.

(A part.) Peste! mademoiselle Elvire est romantique! (Haut.) Et... il y a longtemps que vous le connaissez?

ROSETTE.

Qui ça?... Mathurin?... J'ons gardé les moutons ensemble, parlant par respect, que nous n'étions pas plus haut que ça. C'est lui qui m'a appris à tresser des corbeilles de jonc, et moi je lui ons montré à faire des couronnes de bluets et de coquelicots. Dame! c'est hun mari d'enfance, et ça en s'rait hun tout d'bon, à cette heure, sauf le père à Mathurin, qui dit comme ça que l'amour ne fait pas le bonheur.

FERNAND.

Ah! le père à Mathurin a dit que l'amour... (A part.) Elle est incroyable!

ROSETTE.

Et qu'il faut une dot pour entrer en ménage, comme si c'était pas assez de quatre bras pour travailler, et de deux cœurs pour faire le reste.

FERNAND.

(A part.) Diable! ma future a des principes arrêtés! (Haut.) De sorte que votre bonheur ne tient qu'à une question d'argent?

ROSETTE.

Ben sûr! pisque tout l' reste y est!

FERNAND.

Alors, il y aurait peut-être un moyen, et si je pouvais avancer quelque peu ce mariage tant désiré...

ROSETTE.

Dame! peut-être ben que vous l'pouvez... Ça dépend d' vot' adresse.

FERNAND.

De mon adresse?

ROSETTE.

Oui, de vot' adresse à la chasse.

FERNAND, à part.

Nous y voici : mon oncle m'avait prévenu.

ROSETTE, cherchant à voir le carnier de Fernand.

Avez-vous beaucoup d' gibier?

FERNAND, l'empêchant de voir.

Mais oui, j'ai été assez heureux. (A part.) Est-ce qu'elle va passer l'examen de ma carnassière?

ROSETTE.

Tant pis! j'aime pas les chasseurs heureux.

FERNAND.

Bah! on m'avait affirmé le contraire. (A part.) Qu'est-ce que je dis là?

ROSETTE.

Ah ben, par exemple!

AIR.

J' suis là pour vendre ma denrée :
Aux chasseurs j' fournis du gibier;
Tout l' mond' connaît dans la contrée
Rosett', la fill' du braconnier.

Avoués en vacance,
Notair's en congés,
Bons bourgeois de France,
Chasseurs enragés,
Vous qui, dans vos courses
Autour de Paris,
Au fond de vos bourses
Pêchez les perdrix;
Pourfendeurs de lièvre,
Bourreaux du lapin,
Qui gagnez la fièvre
A l'air du matin,
Vous tous qu'on renomme,
Qui payez l'impôt
Au terroir qu'on nomme
Potel et Chabot;
Louvetiers en chambre,
Dont le chien d'arrêt
Braconne, en septembre,
Chez monsieur Chevet...

Soyez sans alarme,
On vis'ra pour vous.
Brûlez vot' port d'arme
Et venez cheu nous !
J' suis là pour vendre ma denrée, etc.

FERNAND, à part.

Il est clair qu'elle veut me tirer les vers du nez. Tenons-nous bien.

ROSETTE.

Par ainsi, monsieur, m'est avis qu' votre carnier pourrait bien avoir affaire à mon petit commerce : je vends à juste prix, et, comme je ne m'adresse qu'aux chasseurs malheureux, le maître d'école a dit qu'il me ferait une enseigne ousqu'on lirait : — *Au marché des innocents.*

FERNAND, à part.

Je crois qu'elle se moque de moi.

ROSETTE, montrant le carnier.

Tiens, tiens ! Il n'y a rien dedans votre carnier : il est donc bredouille, ce pauvre chéri ?... Après ça, c'est bien d'sa part ; comme dit la chanson : — *Ne pouvant rien créyer, il ne faut rien détruire.*

FERNAND.

(A part.) Elle cite du Clapisson ! (Haut.) J'ai déposé mon gibier là-bas... au moulin : j'étais trop chargé.

ROSETTE.

Pardine !... J' connais ça : c'est si lourd ce qu'on ne tue pas !

FERNAND.

J'y ai substitué des provisions, et, en attendant le dîner, j'allais me reposer ; car je me sens un appétit de chasseur.

ROSETTE.

Les grands chasseurs, ça dévorerait un sanglier.

FERNAND.

J'ai mieux que cela... Eh ! parbleu ! Rosette... une idée Je parie que vous avez faim aussi.

ROSETTE.

Qu'est-ce qui n'a pas faim et soif itou ?

FERNAND, vidant son carnier sur l'herbe.

Eh bien, voici de quoi vous satisfaire : un pâté, dont vous me direz des nouvelles, et une bouteille plus âgée à elle seule que nous deux ensemble.

ROSETTE, jetant des poignées de noisettes.

Et des noisettes à discrétion!... Quand y en aura plus, y en aura encore aux coudriers.

FERNAND.

C'est charmant! (A part.) Nous allons voir.

ROSETTE.

Ah!... mais, j'y pense!... et des fraises superbes que j'ai là dans une feuille de chou!

FERNAND.

Et moi qui adore les fraises d'automne!

ROSETTE.

Comme ça tombe! Je vas les quérir... All' sont là qui dorment dedans un buisson au bord de la fontaine... Je r'viens tout d' suite.

FERNAND.

Je prépare le couvert.

ROSETTE.

(Lui jetant des bottes de foin.) V'là les fauteuils! (Ramassant des feuilles de chou.) Et v'là l' zassiettes!

FERNAND, à part.

« *Tytire, tu patulæ recubans sub tegmine fagi!* »

ROSETTE, à part.

Au dessert, faudra bien qu'il m'achète le rôti. (Elle sort.)

SCÈNE IV.

FERNAND, seul. Il dépose son carnier à gauche, et prépare le goûter.

C'est qu'elle est fort originale, et elle joue joliment son rôle!... C'est à jurer que c'est une vraie paysanne!... Si c'en était une!... Non : le pied et la main disent le contraire. Au reste, je vais m'arranger de façon à la forcer dans ses retranchements... Si je suis bredouille en chasse, il serait plaisant que je ne le fusse pas en amour ; et, alors, le marquis aura beau dire, je lui prouverai que son gendre est moins maladroit qu'il ne le pense.

ROMANCE.

I

En agissant avec adresse,
Je puis savoir ce doux secret :
On peut exprimer sa tendresse
Sans pourtant manquer de respect...
Nous sommes seuls... il faut que j'ose :
Forçons-la vite à dire un mot...
Si son cœur parle... je suppose,
Sa bouche parlera bientôt.

II

Il ne me faut qu'un peu d'audace :
En pareil cas c'est fort admis ;
On permet beaucoup à la chasse,
Puis, un baiser, c'est sitôt pris...
Un seul baiser, c'est peu de chose ;
Se fâche-t-on pour un doux mot ?
Si son cœur aime... je suppose,
Sa bouche m'absoudra bientôt.

Ah! mademoiselle Elvire!... C'est qu'elle est très-piquante avec son petit bonnet!... Et elle ne manque pas d'esprit! On dirait un madrigal déguisé en églogue!... Ah! la voici.

SCÈNE V.

ROSETTE, FERNAND.

FINAL.

FERNAND.

Je vous attends.

ROSETTE, *déposant les fraises.*

J'en suis ravie.

J' vas faire honneur à vot' festin.
>(Elle s'assied.)

FERNAND, s'asseyant.
Placez-vous... Madame est servie.
(Lui versant.)
Prenons d'abord un doigt de vin.

ROSETTE, qui a bu.
J'ons jamais bu de si bon vin !

FERNAND, la servant.
Goûtez de ce pâté, ma chère.

ROSETTE, mangeant.
Il est fameux, en vérité !

FERNAND, lui versant.
Eh bien, buvons un second verre,
Pour mieux digérer le pâté.

ROSETTE, buvant et mangeant.
L' pâté vaut l' vin, l' vin vaut l' pâté !

PREMIER ENSEMBLE.

FERNAND, à part.
Elle est impayable !
Mais il faut pouvoir
La rendre traitable,
Et nous allons voir !

ROSETTE, à part.
Il est fort aimable,
Mais il faut pouvoir
Le rendre traitable,
Et nous allons voir !

FERNAND, trinquant.
A vos amours, belle Rosette !

ROSETTE, de même.
Ben des mercis... A vot' santé !

FERNAND, s'approchant.
Pourquoi si loin rester seulette ?

ROSETTE.
C'est par respect, non par fierté.

FERNAND, à part.
Elle est charmante, en vérité !

(Haut, voulant lui prendre la main.)
A table, il est un vieil usage...

ROSETTE, buvant et mangeant.

Si c'est un bon, faut pas l' changer.

FERNAND.

Vous allez l'approuver, je gage...
On s'embrasse sans nul danger,

ROSETTE, se reculant.

Ça doit empêcher de manger.

REPRISE DE L'ENSEMBLE.

FERNAND, à part.

Elle est impayable! etc.

ROSETTE, à part.

Il est fort aimable, etc.

FERNAND, s'approchant.

Persistez-vous à vous montrer cruelle?
Je ne demande qu'un baiser.

ROSETTE.

Si c'est l'usag', sans être criminelle,
J' peux ben ne pas vous refuser.

FERNAND, se levant.

Je ne prendrai qu'un seul baiser.

ROSETTE, tendant le cou.

Va donc pour un baiser.

FERNAND. (Harmonie imitative.)

Quel est ce bruit?

ROSETTE.

Mon Dieu! c'est le tonnerre!
Voilà qu'il pleut; l'orage est là.

FERNAND.

Et mon baiser?

ROSETTE.

Ah! monsieur, il éclaire :
Quand l' bon Dieu tonne, on n' parl' pas d' ça

DEUXIÈME ENSEMBLE.

FERNAND, à part.

Fâcheuse aventure!
Nous causions si bien!

Pour peu que ça dure,
Je n'obtiendrai rien.
ROSETTE, à part.
Fâcheuse aventure!
Nous causions si bien!
Pour peu que ça dure,
Je ne vendrai rien.
ROSETTE.
Entendez-vous dans le feuillage
Le vent qui siffle furieux?
Là-haut, entendez-vous l'orage
Qui monte et gronde dans les cieux?
FERNAND.
Quand j'écoute, ô Rosette,
Vos accents enchanteurs,
Vainement la tempête
Déchaîne ses fureurs...
Je n'entends plus dans le feuillage,
ROSETTE.
Il n'entend pas dans le feuillage,
FERNAND.
Le vent qui siffle furieux.
ROSETTE.
Le vent qui siffle furieux.
FERNAND.
D'ici, je n'entends plus l'orage.
ROSETTE.
Hélas! il n'entend pas l'orage!
FERNAND.
Pour moi, tout est soleil aux cieux!
ROSETTE.
Pour lui, tout est soleil aux cieux!
FERNAND.
Pour moi, tout est soleil aux cieux!
ROSETTE.
Quelle terreur glace mon âme!
Monsieur, dans ces lieux j'ai bien peur;
Fuyons!... Le ciel est plein de flamme;
L'orage a grondé dans mon cœur.

FERNAND.
Dans cette nuit, Rosette,
Si je crains près de toi,
Ce n'est pas la tempête
Qui cause mon effroi...
Si la terreur naît dans mon âme,
ROSETTE.
Si la terreur naît dans son âme,
FERNAND.
En ce moment, si j'ai grand'peur,
ROSETTE.
En ce moment, s'il a grand'peur,
FERNAND.
C'est que l'amour est une flamme,
ROSETTE.
C'est que l'amour est une flamme,
FERNAND.
Et que l'orage est dans mon cœur.
ROSETTE.
Eh quoi! l'orage est dans son cœur!
FERNAND.
Oui, cet orage est dans mon cœur!...
Mais le soleil brille dans le feuillage :
Voyez là-haut, le ciel est pur.
ROSETTE.
C'est ma foi vrai!... Je n'entends plus l'orage
Et j'aperçois un coin d'azur.
FERNAND.
Persistez-vous à vous montrer cruelle ?
Je ne demande qu'un baiser.
ROSETTE.
Après l'orag', sans être criminelle,
J' peux ben ne pas vous refuser.
FERNAND, s'approchant.
Je ne prendrai qu'un seul baiser.
ROSETTE, tendant le cou.
Va donc pour un baiser.
FERNAND. (Harmonie imitative.)
Quel est ce bruit?

ROSETTE, se reculant.
    Mon Dieu! c'est un' voiture!
Mam'zelle Elvire et son papa!
FERNAND.
Que dites-vous?
ROSETTE.
    Ah! monsieur, j'en suis sûre :
Dans trois minut's, ils seront là.

REPRISE DU DEUXIÈME ENSEMBLE.

FERNAND.
 Fâcheuse aventure!
 Nous causions si bien!
 Oh! je vous conjure,
 Qu'on n'en sache rien!
ROSETTE.
 Fâcheuse aventure!
 Nous causions si bien!
 Non, je vous le jure,
 On n'en saura rien.
FERNAND.
Eh quoi! vous n'êtes pas Elvire?
ROSETTE.
Ah! par exempl', v'là qu'est trop fort!...
J' gardons ses vaches, ça doit m' suffire.
J' vous l'avions dit, m'sieu, tout d'abord.
FERNAND, à part.
Et j'ai pu croire!... Ah! c'est trop fort!...
 Si cela circule,
 Je suis ridicule
 A montrer au doigt!
 Sauvons-nous bien vite,
 Heureux d'être quitte
 Pour ce bel exploit!
(Il prend son fusil et son carnier.)
ROSETTE.
V'là qu'ils approch'nt!
FERNAND.
    Adieu, Rosette!...

Ni baiser, ni gibier... Je suis bredouille!

   ROSETTE, lui donnant son carnier.

            Eh bien,
J'ai là-dedans une chasse complète :
Emportez mon carnier.

   FERNAND, le prenant et lui donnant le sien.

      Et toi, garde le mien.

   ROSETTE, désignant son carnier.

Six cailles, dix perdreaux, un lièvre, une bécasse!

   FERNAND, montrant le sien.

Mille francs en billets!... votre dot à tous deux.

    ROSETTE.

Mille francs!

    FERNAND.

   Tout autant... Et j'ai fait bonne chasse :
Est-on bredouille en faisant des heureux?

REPRISE DE L'ENSEMBLE DE LA PREMIÈRE SCÈNE.

    FERNAND.
  Vive la chasse!
  C'est mon plaisir :
  Rien ne surpasse
  Ce doux loisir!

    ROSETTE.
  Vive la chasse!
  C'est son plaisir :
  Rien ne surpasse
  Ce doux loisir!

(Rosette sort par la gauche, et Fernand par la droite, en lui envoyant de saluts de la main.)

FIN DE BREDOUILLE.

LA LAITIÈRE DE TRIANON

OPÉRA DE SALON EN UN ACTE

MUSIQUE DE J.-B. WÉKERLIN

Représenté, pour la première fois, chez le maëstro Rossini.

PERSONNAGES

Le marquis de BRUNOY. . . . . M. Biéval.
La comtesse de LUCIENNE. . . . . Mlle Mira.

La scène se passe dans les jardins de Trianon en 1775.

LA
LAITIÈRE DE TRIANON

SCÈNE PREMIÈRE.

MADAME DE LUCIENNE, *entrant, en toilette simple, mais élégante, lisant l'adresse d'une lettre.*

A madame la comtesse de Lucienne, dame d'honneur de Sa Majesté... C'est bien pour moi (Elle ouvre.) La signature de la reine!... Mais je l'ai vue, il y a une heure, à Versailles : elle m'a donné ordre de me rendre au petit Trianon... M'y voici : Que peut-elle avoir de nouveau à m'ordonner ?... (Elle lit la lettre.) « A tous présents et à venir, savoir faisons qu'il nous a plu nommer madame la comtesse de Lucienne, sous les ordres immédiats de la princesse de Lamballe, et avec le concours de la duchesse de Polignac, laitière en chef de notre ferme du petit Trianon. Elle aura la surveillance générale de notre chalet suisse et de ses dépendances, où elle ne devra laisser pénétrer aucun étranger, sous peine de révocation. Sont exceptés les maris des dames de la maison... Pendant son service, madame la comtesse de Lucienne, à l'imitation de la Reine, qui prend le costume de fermière, portera les habits de laitière qui lui sont préparés, et qu'elle est invitée à aller revêtir, au reçu de ce rescrit... Donné en notre ferme royale du petit Trianon lès Versailles, ce quinzième jour du mois de mai 1775, l'an 2ᵉ de notre règne, et le 1ᵉʳ de notre bail... Marie-Antoinette, fermière de Trianon... » et plus bas, « princesse de Lamballe. »

Quoi ! véritablement, ce que me disait, hier au jeu du roi, M. le duc de Cossé-Brissac, serait donc sérieux !... Notre jeune et charmante reine, pour se reposer des fatigues de l'étiquette, se réfugie sous ces délicieux ombrages, et organise une métairie d'opéra-comique, dont elle est la fermière, et où les plus grandes dames de la cour rempliront des emplois champêtres... C'est adorable! Et, ce doit être un grand bonheur que de pouvoir déposer un instant, le pesant fardeau de la représentation officielle.

COUPLETS.

I

Sourire à tous, à contre-cœur,
Feindre d'aimer sa lourde chaîne ;
Mourir d'ennui dans sa grandeur,
Tels sont les devoirs de la reine...
Vivre au milieu de vrais amis,
Trouver la paix dans la chaumière ;
Changer l'enfer en paradis...
C'est le bonheur de la fermière !

II

Toute splendeur peut s'obscurcir,
Toute couronne est incertaine ;
Douter, hélas ! de l'avenir,
Tel est le sort de toute reine...
Mais, conserver l'humble séjour,
Où l'on grandit près de sa mère ;
Mourir où l'on reçut le jour...
C'est l'avenir de la fermière !

Laitière !... laitière de Trianon !... Eh bien, mais, c'est une assez jolie position cela !... Veuve, riche, dame d'honneur de Sa Majesté... et laitière !... En vérité, si M. le marquis de Brunoy, mon cousin, que je n'ai pas l'avantage de connaître, et qu'on me propose pour futur mari, n'est pas flatté, c'est qu'il y mettra du mauvais vouloir. Il n'est que colonel, et je le défie bien de devenir jamais laitière de

Trianon... Mais l'ordre est précis : j'entre immédiatement dans mon grade... Il s'agit d'aller revêtir l'uniforme... Voyons l'uniforme. (Elle sort par la droite.)

SCÈNE II.

LE MARQUIS, entrant par la gauche, lisant l'adresse d'une lettre.

« A M. le marquis de Brunoy, colonel du royal Berri, en cantonnement à Lunéville... » Très-bien !... (Il lit la lettre.) « M. le marquis de Brunoy est informé que, conformément aux ordres de Sa Majesté, nous l'avons nommé et le nommons au grade de lieutenant des chevau-légers... Au reçu de ce rescrit, il se rendra, sans retard, au grand Trianon, où il recevra les ordres immédiats du roi, qui est capitaine de la compagnie. — Signé : comte de Maurepas. »

C'est bien cela !... et voici quarante-huit heures que je cours la poste à franc étrier : j'ai traversé la Lorraine et la Champagne, à vol d'hirondelle; j'arrive à Versailles, je demande Trianon. — La grande allée du parc tout droit, la seconde avenue à gauche... Deux temps de galop... et me voici !... un peu rompu, par exemple ! (Il s'assied.) C'est que tout ceci m'a l'air fort joli !... Que de changements, depuis dix ans que j'ai quitté Versailles ! Je ne m'y retrouve plus, en vérité !... On a abattu, on a planté, on a bâti... Il y avait alors le grand et le petit Trianon ; mais, du diable, si je les reconnaîtrais !... Après cela, au bout de dix ans, le petit a dû grandir... Et dire que c'est ici que, lorsque j'étais aux pages de feu Sa Majesté Louis XV, j'ai fait mes premières armes !... Ma foi ! c'était le bon temps, et, comme je troquerais mes épaulettes à graines d'épinard d'aujourd'hui, contre mes joyeuses petites aiguillettes d'alors !... En avons-nous fait de ces folies! Avons-nous bouleversé ce malheureux Versailles!... Palsembleu ! Les pages n'ont pas volé leur réputation !

LE SPECTACLE AU COIN DU FEU.

AIR.

Alors, quand j'étais dans les pages,
J'avais vingt ans et l'œil fripon :
De fiers gaillards ! mais de vrais sages
Vivant gaîment, on en répond !
Nous rossions le guet, courtisions les dames :
    Les braves maris
    Etaient fort marris ;
Nous mettions à sac tous les cœurs de femmes :
    Les pauvres petits
    Jetaient les hauts cris...
Un soir, à Versaille, un certain vicomte
    Trouva fort mauvais
    Mes nombreux succès...
Corbleu ! le matin, il avait son compte :
    Je le transperçais,
    Sans autre procès !

    Voilà, voilà les pages !...
    Ils coulaient d'heureux jours :
    Ils savaient rendre hommage
    Au culte des amours !

Nous jouions gros jeu, nous faisions des dettes,
    Et nos créanciers
    Etaient nos banquiers...
En guise de nœuds, à nos aiguillettes,
    Les minois coquets
    Pendaient leurs bouquets.
Nous buvions beaucoup, nous aimions de même ;
    Nous changions d'amours
    Tous les quatre jours.
Corbleu ! tel était tout notre système :
    Oui, c'était la loi
    Des pages du roi !

REPRISE.

    Voilà, voilà les pages !
    Ils coulaient, etc.

Ma foi, oui! nous étions deux cents de cette force là, et, comme disait le marquis de Bièvre, ces deux cents pages formaient un assez joli volume!... Allons, allons... tout beau, mes souvenirs! trêve de folies, M. le lieutenant des chevau-légers!... Dans un mois, on vous marie... par ordre... au nom du roi, qui est plus moral que feu M. son grand'père. Et je vois bien qu'il faut, bon gré mal gré, accomplir la prophétie de la brave bohémienne qui m'a prédit que j'épouserais une paysanne, et que je mourrais d'une balle... La balle, je m'y attends : c'est du plomb dans la tête... et le mariage s'en charge... Mais la paysanne?... Marquis, te vois-tu épousant une rosière?... Au total, ce serait tout aussi raisonnable, que de jurer fidélité à... la comtesse de Lucienne... une cousine à laquelle on veut m'enchaîner à perpétuité, et que je n'ai jamais aperçue... Oh! mais nous n'y sommes pas, et le roi ne veut pas la mort de ses sujets... Ah çà! voyons... orientons-nous : Il s'agit d'aller trouver M. de Maurepas, et de prendre les ordres de Sa Majesté... Je suppose que le château doit être là, dans les grands arbres... (Voyant venir.) Ah! précisément, voici une jeune Trianonaise qui va m'indiquer ma route... Tiens, tiens!... elle est joliette, la Trianonaise!

SCENE III.

LE MARQUIS, MADAME DE LUCIENNE, en laitière.

DUETTO.

LE MARQUIS.
Ma belle enfant, veuillez m'apprendre
Par où l'on se rend au château.

MADAME DE LUCIENNE, à part.
Ah! c'est parfait! il va me prendre
Pour une fille du hameau!

(Haut, avec une révérence.)
Suivez tout droit.

LE MARQUIS, à part.
Elle est charmante!

MADAME DE LUCIENNE.
Prenez la route que voici.
LE MARQUIS, à part.
Parbleu! c'est qu'elle est ravissante!

MADAME DE LUCIENNE.
Vous ne pouvez rester ici.

ENSEMBLE.

LE MARQUIS, à part.
Sa fraîche toilette
Lui sied à ravir;
Et vrai, je regrette
Qu'il faille partir!

MADAME DE LUCIENNE, à part.
Ma simple toilette
Pourrait me trahir;
Il faut qu'il s'apprête
Bientôt à partir.

LE MARQUIS.
Qu'êtes-vous donc dans ce village?

MADAME DE LUCIENNE.
Je suis... laitière du château.

LE MARQUIS.
Vraiment! j'adore le laitage,
Et la laitière, s'il le faut.

MADAME DE LUCIENNE, à part.
Il est fort drôle!

LE MARQUIS, de même.
Elle est charmante!

MADAME DE LUCIENNE.
Prenez la route que voici.

LE MARQUIS, à part.
Parbleu! c'est qu'elle est ravissante!

MADAME DE LUCIENNE.
Vous ne pouvez rester ici.

REPRISE DE L'ENSEMBLE.

LE MARQUIS, à part.
Sa mine coquette

Lui sied à ravir;
Ma foi! je m'apprête
A ne plus partir.
MADAME DE LUCIENNE, à part.
Ma simple toilette
Pourrait me trahir;
Pourtant, je regrette
De le voir partir.

LE MARQUIS.

Savez-vous bien, ma charmante, que si toutes les laitières avaient votre grâce et votre fraîcheur, ce serait à faire renoncer tous les officiers du roi, au vin de Sillery, pour se mettre au lait de mai?... Tiens! précisément, nous sommes à la mi-mai!... Je me mets au régime.

MADAME DE LUCIENNE, à part.

Eh bien, je vais en entendre de belles!

LE MARQUIS.

Ah! ça, comment donc s'y prennent les villageoises de céans, pour avoir les mains si blanches, le pied si mignon, les joues si fraîches, et le sourire si gracieux?... C'est à croire qu'on voit des roses déguisées en églantines.

MADAME DE LUCIENNE, à part.

Il est original! (Haut.) Mais, à votre tour, monsieur, comment vous y êtes-vous pris pour pénétrer jusqu'ici?... D'où venez-vous, que vous ignoriez qu'il est défendu d'entrer dans le petit Trianon?

LE MARQUIS.

Petit, dites-vous? Bon!... Voilà que j'ai pris le jeune pour le vieux!... Effet de dix ans d'absence. Ah! les jolies femmes de ce temps-là n'ont pas fait comme Trianon, qui est toujours vert, et je suis sûr qu'elles ont furieusement grandi... Mais, vrai Dieu! je ne me repens pas de mon erreur, et, au total, le colonel du royal-Berri, en garnison à Lunéville, n'est pas obligé de savoir les règlements de Versailles.

MADAME DE LUCIENNE.

Le colonel du royal-Berri!... C'est vous qui êtes le marquis de Brunoy?... (A part.) Qu'est-ce que je dis là?

LE MARQUIS.

Bah! vous me connaissez! (A part.) Cette petite qui sait mon nom!

MADAME DE LUCIENNE, à part.

Mon futur! Profitons du hasard. (Haut.) Mais... je vais vous dire... Vous allez comprendre... Ah!... c'est que j'ai un cousin dans le royal-Berri, et...

LE MARQUIS.

Je parie pour un amoureux! Hein? C'est un amoureux! Voyons, avouez, et je le fais caporal... Pour un baiser, je le nomme sergent... Dame! s'il n'y en a plus, ça regarde le roi, qui s'est réservé les brevets d'officier.

MADAME DE LUCIENNE, l'éloignant.

Permettez, permettez... Et savez-vous si le cousin accepterait l'avancement, à ces conditions-là?

LE MARQUIS.

Bah! c'est comme cela que M. de Soubise a attrapé son bâton de maréchal... Et... comment se nomme ce... futur maréchal?

MADAME DE LUCIENNE.

Il se nomme... L'Aubépine.

LE MARQUIS.

Un nom fleuri, ma foi! Et vous?

MADAME DE LUCIENNE.

Moi? moi, on m'appelle... Fleurette... (A part.) C'est qu'il commence à m'embarrasser!

LE MARQUIS.

Peste! voilà deux noms qui ressemblent fort à un bouquet des champs!... Et... votre... L'Aubépine est-il grand, petit, blond, brun? vous aime-t-il? l'aimez-vous?

MADAME DE LUCIENNE, à part.

Ah! il va tant m'en demander! (Haut.) A vrai dire, je ne l'ai jamais vu; c'est mon parrain qui veut nous marier ensemble, et qui dit que nous aurons bien le temps de nous connaître après.

LE MARQUIS.

Juste comme moi!

MADAME DE LUCIENNE.

Ah! vous allez vous marier aussi?

LE MARQUIS.

Avec une cousine dont j'ignore la couleur. On la dit charmante, je ne demande pas mieux; spirituelle, c'est peut-être un inconvénient; riche, ça m'est égal! Ah! si elle vous ressemblait, Fleurette, si elle avait votre grâce et votre sourire! Savez-vous que la cour n'a rien de plus charmant, de plus enchanteur! Et, vrai! pour peu que vous fassiez un signe, je vais me prendre à vous aimer comme un fou... parole d'honneur! Vous riez? Je parie un baiser que vous ne me croyez pas!

MADAME DE LUCIENNE.

CHANSONNETTE.

I

Que les gens de la ville
Avec nous sont menteurs!
Tous ont le même style:
Ce sont des enjoleurs!
Oui, je le vois d'avance,
Vous soupirez déjà...
Avant que ça ne commence,
    Je connais ça!

II

Vous allez m'dir': — Fleurette,
Je t'aime avec ardeur!
Ah! j'en perdrai la tête,
Comm' j'ai perdu mon cœur!
Puis, vous vant'rez mes charmes,
Et si je dis: — Holà!
Vous verserez des larmes...
    Je connais ça!

III

Si je reste rebelle,
Vous r'doublerez vos pleurs

Vous m'appell'rez... cruelle !
Et direz : Je me meurs !...
Voilà cent fois, je pense,
Que vous mourez déjà ;
Toujours ça recommence...
Je connais ça !

LE MARQUIS.

Oh ! mais moi, c'est différent... Tenez, Fleurette, je suis un fou, un écervelé, tout ce que vous voudrez ; mais, sur mon honneur ! je ne sais ce qui se passe en moi... jamais je n'ai ressenti ce que j'éprouve en ce moment... Je sens que ma tête s'en va et que mon cœur revient !

MADAME DE LUCIENNE, à part.

Autant que ce soit pour moi que pour une autre !

LE MARQUIS.

C'est déraisonnable, c'est en dehors de toutes nos idées reçues ; c'est... qu'importe ! mais... Ah ! mon Dieu, la prédiction de la bohémienne !... Oui, c'est bien cela ! Une paysanne !... C'est prophétisé !... on n'échappe pas à sa destinée !

MADAME DE LUCIENNE, à part.

Eh ! mon Dieu ! le voici qui déraisonne.

DUO.

LE MARQUIS.

C'était écrit ! Je ne puis m'y soustraire :
Dites un mot, je tombe à vos genoux !

MADAME DE LUCIENNE.

Vous, aux genoux d'une simple laitière !
Ah ! c'est trop fort ! monsieur, y pensez-vous ?

LE MARQUIS.

Oui, je vous aime
Malgré moi-même :
J'y suis contraint
Par le destin...
C'est, je parie,
Une folie ;

Mais c'est la loi :
Tant pis pour moi!
MADAME DE LUCIENNE.
Une alliance
Par ordonnance,
Sur mon honneur
C'est très-flatteur!
Mais, pour moi-même
Je veux qu'on m'aime;
C'est là ma loi :
Chacun pour soi!
LE MARQUIS.
Vous résistez, je le devine...
MADAME DE LUCIENNE.
Je suis promise à mon cousin.
LE MARQUIS.
Mais, j'y pense!.. Ce L'Aubépine...
MADAME DE LUCIENNE.
Eh bien!...
LE MARQUIS.
Vous l'aimez donc enfin?
MADAME DE LUCIENNE.
Qui sait! Je l'aimerai peut-être,
Plus tard... lorsque je l'aurai vu.
LE MARQUIS, à part.
Ah! quelle idée!.. Un coup de maître
Ce L'Aubépine est inconnu...

ENSEMBLE.

LE MARQUIS, à part.
Allons! de l'audace!
Il faut en finir :
En prenant sa place,
Je puis réussir...
Puisqu'elle s'obstine
A n'accorder rien,
Soyons L'Aubépine :
C'est le seul moyen.
MADAME DE LUCIENNE, à part.
Il est bien tenace :

Il faut, pour finir,
Qu'il quitte la place
Et songe à partir.
Pour peu qu'il s'obstine,
Il comprendra bien
Que ce L'Aubépine
Est un vieux moyen.

LE MARQUIS.

Oui, c'est écrit!.. si je ne puis vous plaire,
Vous me verrez mourir à vos genoux!

MADAME DE LUCIENNE.

Mourir pour moi, pour moi, simple laitière!
Ah! c'est trop fort!.. monsieur, y pensez-vous?

LE MARQUIS.

Toute la suite
Est bien prédite :
S'il faut partir,
Je dois mourir.
C'est, je parie,
Une folie;
Mais c'est la loi,
Tant pis pour moi!

MADAME DE LUCIENNE.

Je me rassure,
Je vous le jure :
On ne meurt pas
De ce trépas.
Lorsque l'on aime,
On vit quand même :
C'est là la loi,
Chacun pour soi!

LE MARQUIS.

Vous vous moquez, je le devine...

MADAME DE LUCIENNE.

A l'instant même, il faut partir.

LE MARQUIS.

Mais, j'y pense!.. Ce L'Aubépine...

MADAME DE LUCIENNE.

Eh bien?

LE MARQUIS.
Je sais qu'il va venir.
MADAME DE LUCIENNE, à part.
Comment! il existe peut-être!
Et moi qui ne l'ai jamais vu!
LE MARQUIS, à part.
Oui, c'est charmant!... Un coup de maître!...
Ce L'Aubépine est encor inconnu...

REPRISE DE L'ENSEMBLE.

LE MARQUIS.
Allons! de l'audace!
Il faut, etc.
MADAME DE LUCIENNE.
Il est fort tenace :
Il faut, etc.

LE MARQUIS.

Eh! oui, ma foi! je me souviens, en effet, à présent, que j'ai accordé un congé à un certain L'Aubépine... Il se rendait à Trianon; c'est bien cela. Et je crois... je suis même certain de l'avoir vu, tout à l'heure, en descendant de cheval, à quatre pas d'ici, dans la grande avenue.

MADAME DE LUCIENNE, à part.

Ah! mon Dieu!

LE MARQUIS.

Il vous cherche évidemment, et, dans un instant, vous le verrez, n'en doutez pas.

MADAME DE LUCIENNE, à part.

Eh bien, voilà comment on fait de la prose sans le savoir.

LE MARQUIS.

Il a même prononcé le nom de Fleurette, et c'est bien certainement de vous qu'il parlait à un jardinier du château.

MADAME DE LUCIENNE.

Ah! il parlait de... (à part) Fleurette, L'Aubépine, deux noms de mon invention! Pour L'Aubépine, passe, mais pour

Fleurette... Allons, allons! monsieur le marquis médite une ruse d'opéra-comique.

LE MARQUIS.

Eh bien, vous voici tout émue... Ce coquin de L'Aubépine est bien heureux, et je changerais volontiers mon habit brodé contre sa veste de paysan.

MADAME DE LUCIENNE.

Oh! ce sont là des choses qui se disent...

LE MARQUIS, à part.

Et qui se font, morbleu! (Haut.) Allons, puisque le colonel est battu, il va vous envoyer ses troupes.

MADAME DE LUCIENNE.

Et je les attends de pied-ferme.

LE MARQUIS.

Et vous les traiterez avec moins de rigueur que moi.

MADAME DE LUCIENNE.

Dame! vous savez : entre fiancés, c'est comme à la petite guerre ; on fait semblant de résister, mais on est convenu d'avance qu'on finira par se rendre et faire la paix.

LE MARQUIS.

Puisqu'il le faut... adieu donc... nous nous retrouverons peut-être.

MADAME DE LUCIENNE, à part.

J'y compte bien.

LE MARQUIS, à part.

Elle est charmante!... (Il sort.)

MADAME DE LUCIENNE, à part.

Il est fort bien!

SCÈNE IV.

MADAME DE LUCIENNE, seule.

Dans cinq minutes, il sera là. En amour, les espérances de l'homme sont comme les charmilles de Versailles : plus on les tond, plus elles s'obstinent à repousser... Et l'on prétend que les mariages de la cour sont tous basés sur l'intérêt et l'ambition? Du moins, en voici un auquel on ne reprochera pas d'être une spéculation... Un colonel, un marquis aux genoux d'une laitière; voilà qui console de bien des égoïsmes, et j'avoue que je n'en veux qu'à demi à mon futur mari, de s'être épris de la première venue, au coin des bois... On n'est pas fâchée d'être aimée pour soi-même, et, en résumé, puisque c'est à moi que s'adresse l'hommage, la comtesse n'a pas à se plaindre de la laitière.

AIR.

REPRISE.

Il peut aimer l'une avant l'autre;
Vraiment, mon cœur n'est pas jaloux :
Cet amour est toujours le nôtre,
Puisqu'il naquit à mes genoux.

    Tant d'amants fidèles
    Admirent en nous
    L'art de nos dentelles,
    L'or de nos bijoux...
    C'est la couturière
    Ou bien le coiffeur,
    Qui, pour l'ordinaire,
    Nous gagnent un cœur.
    En nous, on adore
    Ce qui n'est pas nous,
    Et souvent encore
    On en est jaloux!...
    Pour notre toilette,
    Certes, c'est flatteur ;
    Mais c'est la conquête
    Des yeux, sans le cœur !
Je n'ai, du moins, ni bijoux, ni dentelles;
  L'art n'a rien fait pour m'embellir :
Si la laitière, à ses yeux, semble belle,
Eh bien, comtesse, il faut s'en réjouir!

REPRISE.

Il peut aimer l'une avant l'autre:
  Vraiment, mon cœur, etc.

Mais quel est son projet? Cette histoire de L'Aubépine, qu'il arrange si facilement avec celle de Fleurette... Il est évident que le cher colonel, qui sans doute a sa grande loge au théâtre de Lunéville, y a appris l'art d'utiliser les situations imprévues. Voyons ce qu'il va faire; mais je le préviens, dans tous les cas, qu'en fait de dénoûment, j'ai toujours remarqué qu'il n'y avait de véritablement heureux, que ceux qui étaient amenés par les femmes. (Regardant dehors.) Quelqu'un... Un homme du château... Eh! mais, je ne me trompe pas... (Riant très fort.) Ah! ah! ah! le colonel du royal-Berri en jardinier de Trianon! L'Aubépine, profitant de son congé pour cultiver les roses! Ah! ah! ah! Tiens, tiens!... mais pas mal! pas trop mal, pour un élève du théâtre de Lunéville... Il vient... Laissons-le répéter son rôle... et allons modifier le nôtre.

(Elle sort.)

SCÈNE V.

LE MARQUIS, en jardinier, râteau à la main, entre en chantant.

I

Prêt à sortir de Lunéville
Où campe le royal-Berri,
J'ai rencontré dedans la ville,
Jeune grisette au teint fleuri :
— Eh! bonjour donc, belle grisette,
Vous êt's la perle des faubourgs...
Mais ça ne vaut pas ma Fleurette,
   Mon amourette
   Et mes amours!

II

Quand je fus hors de Lunéville,
Je vis passer sur le chemin
Une fillette allant en ville

Vendre les fleurs de son jardin :
— Eh! bonjour donc, belle fillette,
Vous êt's charmante en jupons courts;
Mais ça ne vaut pas ma Fleurette,
  Mon amourette
  Et mes amours!

III

Je suis bien loin de Lunéville;
J'ai tant marché, que me voici :
Marcher encor est inutile,
Car la plus bell' m'attend ici :
Adieu, grisette; adieu, fillette,
Loin de vous je fuis pour toujours...
Et vous n' valez pas pas ma Fleurette,
  Mon amourette
  Et mes amours!

Eh bien, elle est partie! J'en suis pour mon improvisation. Palsembleu! marquis, voilà ce que c'est que de quitter son poste... Corrompez-donc, à force d'or, les jardiniers du roi, pour endosser leur naïve casaque, et... (montrant le râteau) porter le sceptre de leur puissance; manquez vingt fois de vous faire arrêter par les gardes qui vous inspectent sous le nez, comme si un jardinier, qui a droit au nom fleuri de L'Aubépine était un conspirateur! J'avais un charmant rossignol dans la main..., et je l'ai posé sur la branche, en le priant d'attendre mon retour! Marquis de Brunoy, vous n'êtes décidément qu'un sot, et ce n'est point le page de Louis XV qui eût agi comme le colonel de S. M. Louis XVI! (Il pose son râteau.) Voyons, récapitulons: Étant donnée, d'une part, une vieille bohémienne, qui vous prédit que vous serez aimé d'une paysanne... et de l'autre, une jeune et adorable laitière, qui vient se jeter en travers de votre chemin : Il est géométriquement prouvé que je me révolte contre les lois immuables de la Providence si, au lieu de suivre ma destinée, je ne fais pas tout ce qu'il faut pour aider à l'accomplissement de ses arrêts... L'épouser... dame! c'est bien vertueux! L'aimer... ce doit être un peu beaucoup dangereux! et je me rappelle toujours ce que disait le duc de Fronsac : « Avec les jolies femmes, on risque un cheveu... et on y perd la tête! » Eh bien, ne voilà-t-il pas que je suis plus embarrassé de ma jeune laitière, que je ne l'ai jamais été avec toutes les marquises de la cour!... C'est que, ma foi! je n'ai pas l'habitude des amours pastorales, et, comme disait aussi feu le maréchal de Saxe : J'aime mieux assiéger deux places fortes, que d'attaquer un village, où l'on vous tiraille dans les broussailles, sans qu'on puisse voir venir les balles... (Regardant dehors.) J'entrevois une jupe à travers les lilas... Elle vient... Ce doit être elle... Oh! les femmes, les femmes! Attention! L'Aubépine, aux armes! (Il court reprendre son râteau.)

SCÈNE VI.

LE MARQUIS, MADAME DE LUCIENNE.

MADAME DE LUCIENNE, en toilette de la première scène, à part.
Fort bien! le voici. (Haut.) Dites-moi donc, l'ami?

LE MARQUIS, à part.
Palsembleu! c'est une dame de la cour, et elle me prend pour un rustre!

MADAME DE LUCIENNE.
Eh! mais... je ne me trompe pas : Est-ce que vous n'avez pas été au service du comte de Lucienne?

LE MARQUIS, à part.
Domestique du premier mari de ma future!... C'est flatteur!

MADAME DE LUCIENNE.
Mais oui... je me rappelle... vous aviez un nom de... buisson... Attendez-donc... L'Aubépine!... c'est cela : vous êtes L'Aubépine!

LE MARQUIS, à part.
Ah çà, mais... est-ce que je ressemblerais aux goujats de mon régiment?

MADAME DE LUCIENNE.

Allons, mon garçon, ne craignez rien. Est-ce que vous avez peur que je fasse comme le comte, qui ne vous donnait d'ordres qu'au bout de sa cravache?

LE MARQUIS.

Palsemb!... (A part.) Allons, bon! voilà que je vais ridiculiser le marquis, pour soutenir l'honneur du valet!

MADAME DE LUCIENNE.

Approchez, mon garçon, approchez... Et qu'êtes-vous devenu, depuis que vous avez quitté le service du comte?... Quel est maintenant votre nouveau maître?

LE MARQUIS, à part.

C'est un peu humiliant! (Haut.) Mon maître, madame, c'est... c'est le roi!

MADAME DE LUCIENNE.

Ah! je vois... vous êtes garçon jardinier du château...

LE MARQUIS, à part.

Diable d'accoutrement! (Haut.) Et, de plus, j'appartiens à son régiment de royal-Berri.

MADAME DE LUCIENNE.

En garnison à Lunéville?

LE MARQUIS.

Précisément! (A part.) Il ne manque plus qu'elle connaisse mes officiers, pour leur conter mon aventure!

MADAME DE LUCIENNE.

Commandé par le marquis de Brunoy.

LE MARQUIS, à part.

Ah! mon Dieu!... (Haut.) En effet, madame... c'est le marquis... (A part.) Il paraît que toutes les jolies femmes de Trianon connaissent le contrôle du régiment.

MADAME DE LUCIENNE.

Alors, vous pourriez m'éclairer sur son compte...

LE MARQUIS, à part.

Très-bien!... Elle va me demander des renseignements sur ma conduite!

MADAME DE LUCIENNE.

Je saurai reconnaître votre confidence.

LE MARQUIS, à part.

Elle va me donner pour boire.

MADAME DE LUCIENNE.

On prétend que c'est un homme assez... léger, et dont le cœur s'ouvre facilement aux inspirations de l'inconstance...

LE MARQUIS, à part.

Mon oraison funèbre !

MADAME DE LUCIENNE.

Chez qui le soleil de la grande majorité n'a pas encore fait mûrir complétement les fruits de la raison...

LE MARQUIS.

Mais, madame, c'est un gentilhomme plein d'honneur.

MADAME DE LUCIENNE.

Oh ! personne ne le nie... Le maréchal de Richelieu et M. de Lauzun étaient aussi des hommes d'honneur... et certes, je serais la première à défendre M. de Brunoy, si quelqu'un s'avisait de l'attaquer sur ce point.

LE MARQUIS, à part.

Eh bien, voici un charmant champion que je ne me connaissais pas !

MADAME DE LUCIENNE.

Seulement, je vous préviens d'une chose, c'est que ma jeune laitière, Fleurette, votre fiancée, je crois, m'a déclaré, il n'y a qu'un instant, qu'il était ici et qu'il lui faisait la cour.

LE MARQUIS, à part.

Il ne manquait plus que cela pour m'achever !

MADAME DE LUCIENNE.

Eh quoi ! vous n'êtes pas furieux ! Vous ne comprenez pas que l'on veut vous enlever le cœur de Fleurette, qui, de son côté, n'a pas l'air fâché le moins du monde contre son adorateur.

LE MARQUIS.

Elle avoue cela !

MADAME DE LUCIENNE.

Mais oui... elle le trouve fort à son goût.

LE MARQUIS.

Ah ! madame, vous ne savez pas tout le plaisir que vous

me faites!... Fleurette est charmante... elle a le cœur, la grâce, l'esprit et la beauté... On dirait qu'en la faisant simple villageoise, Dieu a voulu se jouer des vains préjugés de notre civilisation... et si je ne vous avais jamais vue, madame, j'ajouterais que la cour n'a rien qui lui soit comparable.

MADAME DE LUCIENNE, à part.

L'Aubépine s'oublie!

LE MARQUIS.

Tout ce qui rayonne en vous brille en sa personne; plus je vous contemple, et plus je crois la retrouver... Cette ressemblance est étrange... Oh! mais c'est la ressemblance de la fleur des champs à la fleur des serres de Versailles... C'est le plus bel éloge que je puisse faire de ses charmes, auxquels il ne manque que la noblesse et la distinction des vôtres.

MADAME DE LUCIENNE.

Ce n'est pas surprenant, Fleurette est ma sœur de lait; elle a pris un peu de mes manières... Alors, d'après cela, vous pensez que M. le marquis de Brunoy n'aurait pas trop perdu à laisser passer la laitière, pour aller tout droit à la comtesse.

LE MARQUIS.

Comment!

MADAME DE LUCIENNE.

C'est tout simple, puisque, vous qui êtes... ou qui devez être fort épris de votre fiancée, vous proclamez qu'elle a quelques qualités de moins que la sienne.

LE MARQUIS.

La fiancée du marquis!... vous!... Quoi! vous seriez...

MADAME DE LUCIENNE.

Monsieur le marquis de... L'Aubépine, j'ai l'honneur de vous présenter madame la comtesse de Lucienne.

LE MARQUIS.

Ma future!

FINALE.

LE MARQUIS, à part.
Je suis joué! c'est la comtesse!
Elle sait tout!
MADAME DE LUCIENNE, de même.
Il a compris!
LE MARQUIS, id.
C'est effrayant, je le confesse!
MADAME DE LUCIENNE.
Pauvre marquis!
LE MARQUIS.
Me voilà pris!
MADAME DE LUCIENNE.
Le voilà pris!
LE MARQUIS.
Je suis bien pris!

PREMIER ENSEMBLE.

LE MARQUIS, à part.
Et Fleurette encore
Qui va revenir!
Palsembleu! j'ignore
Comment en sortir!
La sotte aventure!
C'est un peu trop fort!
Pris par sa future :
J'aurai toujours tort.
MADAME DE LUCIENNE, à part.
Et Feurette encore
Qu'il croit voir venir!
Vraiment, il ignore
Comment en sortir.
Piquante aventure !
C'est un peu trop fort :
Pris par sa future ;
Il est dans son tort.
LE MARQUIS.
Ah! permettez... et laissez-moi vous dire...

MADAME DE LUCIENNE.
Comment, monsieur, pourquoi vous excuser?..
LE MARQUIS.
Vous comprenez qu'il s'agissait de rire.
MADAME DE LUCIENNE.
Et j'en ris fort, je dois m'en accuser.
LE MARQUIS.
Cette Fleurette...
MADAME DE LUCIENNE.
Eh bien, elle est charmante.
LE MARQUIS.
Oui, mais pourtant...
MADAME DE LUCIENNE.
N'en dites pas de mal!
LE MARQUIS.
Non! cependant...
MADAME DE LUCIENNE.
Elle était ravissante :
Vous l'avez dit : La cour n'a rien d'égal.
LE MARQUIS, à part.
Je suis joué par la comtesse!
Elle sait tout!
MADAME DE LUCIENNE, de même.
Il a compris!
LE MARQUIS, à part.
C'est effrayant, je le confesse!
MADAME DE LUCIENNE, à part.
Pauvre marquis!
LE MARQUIS, à part.
Me voilà pris!
MADAME DE LUCIENNE, à part.
Le voilà pris!
LE MARQUIS, à part.
Je suis bien pris!

REPRISE DU PREMIER ENSEMBLE.

LE MARQUIS, à part.
Et Fleurette encore
Qui va, etc.
MADAME DE LUCIENNE, à part.
Et Fleurette, etc.
LE MARQUIS, à part.
C'est qu'en effet, ma future est fort belle!
MADAME DE LUCIENNE, de même.
C'est qu'après tout, mon futur est fort bien!
LE MARQUIS, id.
Fleurette enfin pâlirait auprès d'elle.
MADAME DE LUCIENNE, id.
Pardonnons-lui : Cet amour me revient!

DEUXIÈME ENSEMBLE.

LE MARQUIS, à part.
Oui, c'est elle que j'aime,
Et j'étais dans l'erreur :
Je le sens en moi-même,
C'est là qu'est le bonheur!
MADAME DE LUCIENNE, à part.
N'est-ce pas moi qu'il aime?
Excusons son erreur;
Je le sens en moi-même,
C'est là qu'est le bonheur!
LE MARQUIS.
Pardonnez-moi, je vous supplie :
Voyez, hélas! mon repentir.
MADAME DE LUCIENNE.
Plus tard, monsieur, je vous en prie;
Mais, à l'instant, il faut partir!
LE MARQUIS.
Eh quoi! sans pouvoir vous fléchir!
MADAME DE LUCIENNE.
L'ordre est formel : Il faut partir.
LE MARQUIS.
Ah! je le vois : cet ordre qui m'enchaîne,
Il vient de vous... C'est vous qui m'exilez!

LA LAITIÈRE DE TRIANON.

MADAME DE LUCIENNE.

Vous vous trompez, car il vient de la reine...
(Lui donnant la lettre de la reine.)
Tenez, monsieur...

LE MARQUIS.
Comment?

MADAME DE LUCIENNE.
Eh bien, lisez.

LE MARQUIS, après avoir lu.
Que vois-je?... La laitière!...

MADAME DE LUCIENNE.
Ainsi, vous le voyez...

REPRISE DU DEUXIÈME ENSEMBLE.

LE MARQUIS.
Oh! oui, c'est vous que j'aime!
Je bénis mon erreur :
Je le sens en moi-même,
J'ai trouvé le bonheur!

MADAME DE LUCIENNE, à part.
Oui, c'est bien moi qu'il aime!
Je bénis son erreur;
Je le sens en moi-même,
J'ai trouvé le bonheur!

MADAME DE LUCIENNE.
Voici quelqu'un! vous venez de le lire;
Si vous étiez surpris dans Trianon,
Votre présence ici pourrait suffire
Pour m'obliger à quitter la maison.

LE MARQUIS, montrant la lettre.
Même, on promet la révocation.

MADAME DE LUCIENNE.
Alors, monsieur!...

LE MARQUIS.
Alors, madame,
Conformons-nous au règlement!

MADAME DE LUCIENNE.
Eh bien, que dit le règlement?

LE MARQUIS.

Il est très-clair, assurément.

(Suivant, du doigt, sur la lettre.)

« Les maris, seuls, avec leur femme
Pourront circuler librement. »

MADAME DE LUCIENNE.

Eh quoi!...

LE MARQUIS.

C'est l'ordre de la reine.

MADAME DE LUCIENNE.

Est-il signé ?

LE MARQUIS.

J'en ai bien peur !

MADAME DE LUCIENNE, lui tendant la main.

Je me soumets à sa rigueur.

LE MARQUIS.

C'était écrit !..... La bohémienne
A lu l'avenir, dans mon cœur !!

REPRISE DU DEUXIÈME ENSEMBLE.

LE MARQUIS.

Ah!! c'est elle que j'aime!!
Ce n'est plus une erreur ;
Je le sens en moi-même :
J'ai trouvé le bonheur !!

MADAME DE LUCIENNE.

Ah!! c'est bien lui que j'aime!!
Ce n'est plus une erreur ;
Je le sens en moi-même :
J'ai trouvé le bonheur !!

FIN DE LA LAITIÈRE DE TRIANON.

MANCHE A MANCHE

OPÉRA-COMIQUE EN UN ACTE

MUSIQUE DE J.-B. WÉKERLIN

Représenté pour la première fois sur le théâtre Ocila.

PERSONNAGES

BELFLEUR, dragon de la reine. . . . . . . MM. Bussine aîné.
JONQUILLE, jardinier. . . . . Bussine jeune.
MARTON . . . . Mme Ponchard.

En 1745, dans un château près de Fontenoy : salon, table, siéges, etc.

MANCHE A MANCHE

SCÈNE PREMIÈRE.

MARTON, entre et écoute un instant.

Enfin!... on n'entend plus le canon : c'est bien heureux ! Depuis hier, c'était un tapage à ne savoir où se fourrer les deux oreilles : pif! paf! boum !... Dame !... c'est qu'on se battait à Fontenoy, et nous n'en sommes qu'à une lieue. Madame la comtesse a joliment bien fait de quitter le château et de se réfugier à Valenciennes. Comment eût-elle pu soutenir tout ce fracas, elle qui tombe en attaque de nerfs, lorsqu'on fait sauter un bouchon de champagne à sa portée? Quant à moi, ma foi! maintenant que le danger est passé, je ne suis pas fâchée d'avoir assisté à une bataille : Du haut du belvédère, armée de la lunette d'approche, j'ai vu la chose comme si j'avais fait partie de l'armée française. Le vieux garde-chasse, qui a fait les guerres de Courlande, m'expliquait la manœuvre; il m'a même indiqué l'endroit où se tenait le maréchal de Saxe. J'ai vu les gardes françaises saluer messieurs les Anglais, en leur envoyant des balles, et les dragons de la Reine qui faisaient d'importants dégâts aux croupières de messieurs les Autrichiens... C'était superbe ! et, foi de Marton, j'aurais volontiers changé mon tablier de soubrette contre un justaucorps de mousquetaire, ou de soldat aux gardes.

COUPLETS.

I

C'est magnifique une bataille !...
Pourtant, je me disais tout bas :
Tous ceux qui bravent la mitraille
Peut-être ne reviendront pas !...
Mars, nous dit-on, donne la gloire ;
Mais il nous prend tant d'hommes, en retour,
Qu'à mon compte, chaque victoire
Est un larcin fait à l'amour.

Oui, c'est horrible une bataille !...
Pourtant, mon cœur me dit tout bas
Qu'il n'est, à nos yeux, rien qui vaille
Un héros vainqueur aux combats..
Celui qui rapporte la gloire
Trouve chez nous tant de joie, au retour,
Qu'en résumé, chaque victoire
Est un profit fait à l'amour.

Eh ! ma foi, oui ! vive la gloire ! C'est une jolie chose... quand on n'en meurt pas ; et j'avoue que si une moustache brune ou blonde daignait se retrousser en ma faveur, j'aimerais mieux épouser un casque de dragon, ou un tricorne de garde-française, que le bonnet de coton d'un aide de cuisine, ou le chapeau de paille du jardinier.

SCÈNE II.

MARTON, JONQUILLE.

JONQUILLE, accourant.
Mam'zelle Marton !... mam'zelle Marton !...

MARTON.
Ah ! mon Dieu ! cet imbécile m'a fait peur !... Qu'y a-t-il donc ?

JONQUILLE.

Il y a, mam'zelle Marton, que la bataille est finie, et qu'on dit comme ça que les Français sont vainqueurs.

MARTON.

La belle nouvelle!... Est-ce que ça se passe jamais autrement?... Si c'est là tout ce que tu as à m'apprendre!...

JONQUILLE.

Et que M. le bailli a dit comme ça que la paix allait renaître, et les arts refleurir.

MARTON.

Eh bien, qu'est-ce que ça peut te faire, à toi, Jonquille, qui es tout bonnement garçon jardinier du château?... Pourvu que tes œillets poussent, que t'importe que le reste refleurisse?

JONQUILLE.

Dame!... c'est que j'ons lu, à ce matin, dedans l'armanach de cette année 1745, une pièce de vers, parlant par respect, d'une nommée madame Deshoulières, qui dit comme ça :

> Quand Bellone s'en va,
> L'amour revient ben vite.

MARTON.

Eh bien, qu'est-ce que ça peut te faire encore que tout cela revienne ou s'en aille?

JONQUILLE.

Comment! Quoi que ça me fait?

DUETTO.

JONQUILLE.

Ç'a m'fait qu'en cultivant mes roses,
J'admire, à part moi, leur fraîcheur ;
Alors, j'rêvons à d'autres choses,
Qui, sauf respect, m'pouss'nt dans le cœur.

MARTON.

Qu'est-c' qui te pousse dans le cœur?

JONQUILLE.

Sais pas : Mais ça m'étouff' le cœur!

4

MARTON.

Ah! prends y gard', mon brav' Jonquille!
Quand mauvais herb' croit volontiers,
Il faut bien vit' prendr' la faucille ;
C'est le devoir des jardiniers.

JONQUILLE.

Les jardiniers n' sont pas si niais !

MARTON.

C'est le devoir des jardiniers.

ENSEMBLE.

MARTON, à part.

Ah çà, que veut-il dire,
Il use de détour ;
Le voilà qui soupire :
S'agirait-il d'amour !

JONQUILLE, à part.

J'arni ! y a pas à dire !
Faut profiter d'ce jour ;
V'la six mois que j' soupire :
Dégoisons notr' amour !

C'est c' que j'ons fait, je vous le jure :
J'ons tout taillé, mam'zell' Marton ;
Mais ça repousse par bouture :
Y a toujours un rejeton.

MARTON.

Il faut couper le rejeton.

JONQUILLE.

Il en r' vient deux, mam'zell' Marton !

MARTON.

Eh bien, laisse ta terre en friche ;
Tout y mourra, je te l'promets.

JONQUILLE.

Ça n'y f'ra rien : le sol est riche ;
L'herbe y pouss'ra tout d' même après.

MARTON.

Alors, c'est donc un fait exprès !

JONQUILLE.

A bon terrain faut pas d'engrais !

REPRISE DE L'ENSEMBLE.

MARTON, à part.
Je vois ce qu'il veut dire,
Et, malgré son détour,
Je crois que, s'il soupire,
C'est qu'il s'agit d'amour.

JONQUILLE, à part.
Jarni! y a pas à dire,
Faut profiter d' ce jour :
V'la six mois que j' soupire,
Dégoisous notre amour!

Si bien, mam'zelle Marton, qu'à force de cultiver les fleurs pour les autres, je m' suis dit comme ça, parlant par respect, que si j' pouvions trouver un p'tit parterre à mon usance particulière...

MARTON.
Ah! M. Jonquille voudrait s'établir!

JONQUILLE.
Dame!... Peut-être ben que oui... et, comme v'là la paix qui va refleurir, et que :

Quand Bellone s'en va,
L'amour revient ben vite...

MARTON, regardant à la fenêtre.
Ah! mon Dieu!... qu'est-ce que c'est que ça?... Une troupe de cavaliers, qui arrive au galop, par la grande avenue!... Si c'est comme ça que Bellone s'en va!...

JONQUILLE, regardant.
Mam'zelle Marton!... Les v'là qui franchissent la grille et entrent dans la cour!

MARTON.
Et moi qui suis seule ici!... C'est effrayant!... et des dragons encore!

JONQUILLE.
Et moi donc!... J'ai une peur de diable!... avec leur grand sabre!...

MARTON.

Une soubrette!... C'est que ces messieurs nous traitent un peu comme les Autrichiens !

JONQUILLE.

Un jardinier!... C'est que ces gaillards-là vont me couper les roses sous le pied !

MARTON, à part.

Ah !... une idée !

JONQUILLE, de même.

Oh !... un moyen !

MARTON, de même.

C'est cela. Je puis bien emprunter quelques chiffons à la garde-robe de ma maîtresse...

JONQUILLE, de même.

J'ai bien le droit de prendre la défroque de M. le comte...

MARTON, de même.

Je ne risque rien. Si cela ne me va pas, je tombe dans les femmes respectables...

JONQUILLE, de même.

Y a pas de danger : ça me donnera l'air de queuque chose.

MARTON, de même.

Oui, mais si, par hasard, ça allait m'embellir!... Ma foi ! au petit bonheur!... On n'est jamais fâchée de plaire un peu, ne fût-ce que pour s'entretenir la main, et, au total, je n'aurais qu'à remercier le ciel : on n'en meurt pas... Si près de Fontenoy, j'aurais pu recevoir une balle. (Elle se sauve par la droite.)

JONQUILLE.

Oui, mais... si... Eh bien, la v'là qui me laisse seul et s'en sauve sans crier gare ! Merci, par exemple ! Avec des antropophages qui ont avalé à ce matin, quinze mille Autrichiens à déjeuner, sans compter les Anglais et les z'Hollandais !... Sauf respect, j' les laisse digérer tout seuls. (Il sort par la droite.)

SCÈNE III.

BELFLEUR, entrant par la gauche.

COUPLETS.

Les dragons de la Reine
Sont vainqueurs, nuit et jour :
Ils ont pour capitaine
Le petit dieu d'amour.

I

Leur escadron, habillé par les Grâces,
Marche guidé par la main du hasard :
Les jeux, les ris voltigent sur leurs traces
Et le plaisir est leur porte-étendard...
Au lieu de casque, un lien de verdure
Ceint leurs cheveux couronnés par Bacchus ;
Ils portent tous un carquois pour armure,
Pour fourniment, l'écharpe de Vénus.

II

Quand apparaît fille au gentil corsage,
Vite, l'Amour commande : Garde à vos!...
Mais, à l'aspect de prude au froid visage,
A ses dragons il commande : Repos!
Le régiment prend le pas ordinaire,
Quand, près du rang, passe jeune beauté ;
Mais quand survient vieille à l'aspect sévère.
Il met sa troupe au pas accéléré.

III

Il a choisi pour gente vivandière
La blonde Hébé qui verse le nectar :
Pour diriger sa musique guerrière,
C'est Apollon qui lui prête son art ;

S'il faut un jour combattre au champ de gloire,
Rassurez-vous, nous reviendrons vainqueurs :
On est toujours certain de la victoire,
Quand avec lui l'on assiége les cœurs.

    Les dragons de la Reine,
    Sont vainqueurs nuit et jour,
    Ils ont pour capitaine
    Le petit dieu d'amour.

C'est égal, l'affaire a été rude, et ça chauffait un peu autour de cette bicoque qu'ils nomment Fontenoy !... Les canons, la mousquetade et les pistolets faisaient un tel feu d'artifice... et puis ce coquin de soleil de mai lançait de telles étincelles sur nos casques, qu'en vérité j'ai vu l'instant où nous allions tous fondre insensiblement dans cette étroite vallée, qui m'a tout l'air d'une marmite à frire les humains... Heureusement que le maréchal de Saxe, qui tenait la queue de la poêle, a fait éteindre le feu. Du diable, si nous en serions sortis !... Enfin, s'il y en a de frits, ce n'est pas nous toujours !... J'ai bien reçu quelques balles, par-ci par-là, insensiblement; mais elles ont eu l'esprit de ne s'attaquer qu'aux accessoires : les balles et la victoire sont des femelles, et Be fleur, le brigadier des dragons de la Reine, n'a jamais eu à se plaindre de leur sexe enchanteur... Ce qu'il y a de curieux, par exemple, c'est mon combat avec ce grand diable d'Autrichien qui s'imaginait me faire prisonnier !... Quant à moi, je m'étais mis dans la tête de l'attacher insensiblement à la queue de la duchesse : cette brave duchesse, la première trotteuse du régiment; on aurait dit qu'elle me comprenait : elle lançait des ruades à mon grand escogriffe d'Autrichien; je le tenais par son manteau, il s'était accroché au mien; chacun tirait de son côté; si bien, que nos deux chevaux, faisant un écart, nous partîmes insensiblement ventre à terre, l'un à droite, l'autre à gauche, emportant chacun la défroque de l'ennemi. (Déployant le manteau qu'il a sur le bras.) Je n'ai pas perdu au change; il paraît que j'avais affaire à un officier de haute volée, et, ma foi! quand on prend du galon, on n'en saurait trop prendre. (Mettant le manteau.) C'est que ça me va comme un gant!... Palsembleu! brigadier Belfleur, vous êtes de tournure à passer pour un cornette du roi! Que dis-je?... Il y a de par les armées de Sa Majesté des généraux qui n'ont pas si bel air, et, vive Dieu! je ne changerais pas avec le maréchal de Saxe, dont nous allons fêter la cinquantaine insensiblement. (Voyant venir.) Qu'est-ce que j'entends?... Un froufrou de robe!... un fragment du sexe enchanteur!... Belfleur mon ami, il s'agit de soutenir l'honneur des dragons de la Reine. En avant les façons n° 1; n'oublions pas que nous fûmes insensiblement la coqueluche des Porcherons, et, vainqueur à Fontenoy, n'allons pas nous faire battre en ces contrées champêtres. (Il s'enveloppe dans son manteau.)

SCÈNE IV.

BELFLEUR, MARTON, en toilette.

BELFLEUR, à part.

La maîtresse de céans!... une grande dame! C'est le moment d'arborer tous ses moyens. (Il se drape.)

MARTON, à part.

Un officier du roi! Quelque grand seigneur!... C'est le cas de développer son petit mérite.

BELFLEUR, saluant.

Pardon, excuse, madame... J'arrive insensiblement dans ces parages embellis par la nature, à l'effet d'y rafraîchir mon escouade, avec tous les égards susceptibles aux peuplades de la localité.

MARTON.

Les enfants de Mars et de Bellone son épouse, sont toujours les bienvenus dans ce domicile, seigneur cavalier.

BELFLEUR, à part.

Seigneur cavalier! (Haut.) C'est probablement parce que Mars n'a pas été sans fréquenter insensiblement la divine Vénus, ainsi que la belle Cypris sa sœur, propriétaire des jardins de Paphos, comtesse.

MARTON, à part.

Comtesse! (Haut.) Voilà de la galanterie qui m'a toute l'allure de vouloir transpercer mon amour-propre, et on a bien raison de dire que la parole a été donnée aux militaires, pour raiguiser leur pensée.

BELFLEUR.

Oh! incapable! Je n'articule que ce que m'inspirent vos beaux yeux, et, pour peu que vous possédiez le plus léger miroir, il vous fera voir la différence qu'il y a entre lui et votre très-humble et très-obéissant serviteur.

MARTON.

Un miroir! Comment l'entendez-vous, seigneur? Je ne comprends pas cette métamorphose.

BELFLEUR.

C'est que le miroir n'accusera vos attraits, qu'en réfléchissant, et que votre serviteur n'a pas besoin de réflexion, pour les admirer insensiblement.

MARTON.

Ah! voici qui est du dernier galant!... C'est l'essence de la quintescence, et la fine fleur de la vanille, chevalier. (A part.) C'est qu'il est très-bien!

BELFLEUR, à part.

Chevalier!... (Haut.) Ah! marquise... ça vous plaît à dire... La quintescence de l'essence qui... que... de ce compliment... à la vanille... d'ailleurs... (A part.) Bon! voilà que je patauge! Ces grandes dames vous ont des manières.

MARTON.

Mais j'y pense, vicomte. (A part.) Ça doit être un vicomte. (Haut.) Vous devez avoir besoin de quelque chose, rapport au voyage, et je vous prie de vous constituer ici comme dans votre propre local.

BELFLEUR.

Ah! duchesse!

MARTON, à part, s'asseyant.

Duchesse!... (Haut.) Asseyez-vous donc, comte.

BELFLEUR, à part.

Comte!... ah! ventrebleu! Pour peu qu'elle me fasse duc, je vais être bête comme un marquis.

MARTON.

Approchez donc.

BELFLEUR, à part.

C'est qu'elle vous a des yeux! C'est pire que les canons autrichiens!

MARTON, lui montrant le canapé.

Vous devez être fatigué ? Mettez-vous là.

BELFLEUR.

Près de votre divinité!... Alors, on pourra dire que je suis canonisé de mon vivant, puisque je me glisse insensiblement dans le paradis avant mon trépas... (A part.) Ma foi! tant pis! On a vu des reines épouser des dragons. (Il s'assied.)

MARTON, à part.

Il est charmant! Et l'on a vu des rois couronner des soubrettes.

BELFLEUR, à part.

Pristi! si je ne rêve pas, c'est agréable, tout de même!

MARTON.

Comment vous trouvez-vous de la bataille, colonel?

BELFLEUR, à part.

Bigre! colonel!... rapport à mon manteau... (Haut.) Je trouve, princesse, que s'il y faisait chaud, il ne fait pas froid sous cette latitude, et que le rouge me monte insensiblement.

MARTON.

Otez donc votre manteau, général.

BELFLEUR, s'enveloppant, à part.

Peste! j'en mettrais plutôt deux qu'un!... (Haut.) J'ôterais manteau, pourpoint, haut-de-chausses, et... le reste, que les rayons carbonifiques de vos beaux yeux occasionneraient insensiblement la même incendie.

MARTON, jouant de l'éventail.

Ah!... voilà qui frise la déclaration... Je vais crier au feu; vous vous enflammez comme une allumette!

BELFLEUR.

Si je suis feu, soyez étoupe, et l'amour viendra souffler dessus insensiblement.

MARTON.

Vous avez une façon de tournoyer les choses !

BELFLEUR.

Palsembleu! princesse, vous avez l'air bon enfant! (A part.) A pas peur!

MARTON.

Et vous, monseigneur, d'une bonne pâte de guerrier.

BELFLEUR.

C'est ce qu'on dit à la chambrée... c'est-à-dire à la cour... parce que, voyez-vous... la franchise est une qualité qui... dont... et avec laquelle... et puis d'ailleurs... d'autant plus... vous comprenez. (A part.) Fichtre !... c'est pas facile de tourner la chose aux princesses!

MARTON.

Certainement ; il faut toujours être franc ; et, tenez, causons comme si nous nous connaissions depuis longtemps... Le voulez-vous ?

BELFLEUR.

Si je le veux, adorable princesse! Ça me va; mais ça me va insensiblement! (A part, se levant.) Allons, pas de bêtises, brigadier Belfleur ; ton avancement est dans tes mains.

MARTON, à part, se levant.

Du sang-froid, Marton, et tu quittes l'antichambre pour le boudoir.

DUO.

BELFLEUR.

Vous le voulez, belle marquise?
Je vas donc vous ouvrir mon cœur.

MARTON.

Tant mieux !... J'adore la franchise,
Et vous pouvez parler sans peur.

BELFLEUR.

D'abord, je vous trouve charmante...

MARTON.

Que dites-vous?

BELFLEUR.

Que vos beaux yeux

Sont comme une flamme brûlante
Qui me rôtit de mille feux!
MARTON.
Vous allez vite, et ma surprise...
BELFLEUR.
Au grand galop, c'est mon métier!
MARTON, à part.
Il me trait' comme une marquise!
BELFLEUR, à part.
Je parle comme un chevalier!

ENSEMBLE.

BELFLEUR.

Vive la franchise
Et vive la cour!
Charmante marquise,
A vous mon amour :
Pour moi tout conspire,
Je puis vous aimer;
Laissez-moi le dire
Et vous le prouver.

MARTON.

C'est trop de franchise
Pour le premier jour,
Et rien n'autorise
Un pareil amour.
Mais vraiment j'admire
Qu'on puisse m'aimer
C'est peu de le dire,
Il faut le prouver.

BELFLEUR.
J'ai des bijoux pour vous rendre plus belle.
MARTON.
Moi, j'ai de l'or pour vous rendre puissant.
BELFLEUR.
J'ai deux forêts, trois châteaux à tourelles.
MARTON.
J'ai vingt maisons.

BELFLEUR
Moi, j'en ai cent!
MARTON, à part.
Ah! c'est charmant!
BELFLEUR, à part.
C'est ravissant.
MARTON.
J'ai mon carrosse...
BELFLEUR.
Et moi, chère princesse,
J'en ai...
(A part.)
Parbleu, je n'en sais rien vraiment!
MARTON.
J'ai dix chevaux...
BELFLEUR.
Sans compter la duchesse,
J'en ai cinq cents... au régiment.
MARTON, à part.
Ah! c'est charmant!
BELFLEUR, à part.
C'est ravissant!

REPRISE DE L'ENSEMBLE.

BELFLEUR.
Vive la franchise
Et plus de détour!
Charmante marquise,
A vous mon amour :
Pour moi tout conspire,
Je puis vous aimer;
Je veux vous le dire
Et vous le prouver.

MARTON.
Vive la franchise
Et plus de détour!
Ma foi! j'autorise
Un si bel amour :
Pour moi tout conspire,
Je puis vous aimer;

Vous pouvez le dire
Et me le prouver.
BELFLEUR.
Un seul baiser...
MARTON.
Quoi! vous voulez?...
BELFLEUR.
Marquise!
MARTON.
Ah colonel, vous abusez vraiment!
BELFLEUR.
Non! palsambleu! c'est toujours ma franchise.
MARTON.
Quelle exigence!
BELFLEUR, s'approchant.
Oh! insensiblement!
Cela se prend, princesse, à la volée.
MARTON.
Eh bien, un seul.
BELFLEUR.
Un seul, c'est toujours ça!
(Au moment où il va l'embrasser, le manteau tombe.)
MARTON, à part.
Rien qu'un dragon! Ma foi! je suis volée!
BELFLEUR, s'avançant.
Et mon baiser?
MARTON, lui donnant un soufflet.
Eh! parbleu! le voilà!

REPRISE DE L'ENSEMBLE.

BELFLEUR, à part.
C'est trop de franchise
Pour le premier jour!
Et cette marquise
Comprend mal l'amour;
On veut m'éconduire
Quand j'allais aimer:
On pouvait le dire
Sans me le prouver!

MARTON, à part.

La belle franchise !
A chacun son tour ;
C'est une surprise
Qu'un pareil amour.
Vraiment, je m'admire :
Je pouvais l'aimer ;
J'allais le lui dire
Et le lui prouver.

(Elle se sauve.)

SCÈNE V.

BELFLEUR, seul, après avoir ramassé le manteau qu'il dépose.

Éclipsée! évanouie!... Ah! çà, c'est donc ainsi qu'on fait la cour... à la cour? Dieu de Dieu! les marquises! Jolie main, mais qui tape dur insensiblement ?

AIR :

C'est une horreur, une infamie !
Je suis joué, c'est évident :
Ah! ventrebleu! quell' perfidie
C'est révoltant!

La femme est un oiseau volage
Qui vient se poser près de nous :
Ou se laiss' prendre à son ramage,
Soudain, psitt!... Il fuit loin de vous :
En vain voulez-vous le surprendre,
Hélas! c'est un gibier trompeur,
Et c'est toujours, à le bien prendre,
L'oiseau qui pipe l'oiseleur...
La femme est semblable à la rose
Qui brill' d'une vive couleur :
Ell' vous séduit, à peine éclose,
Tant elle a d' grâce et de fraîcheur!
Vers vous la perfide s'incline,
La main s'avanc' pour la cueillir.
Alors, on trouv' près de l'épine

(Se tâtant la joue.)
Un' giroflé pour en finir.

C'est une horreur, une infamie !
Je suis joué, c'est évident !
Ah ! ventrebleu ! quell' perfidie !
C'est révoltant !

C'est égal : ça fait un certain effet un soufflet de princesse... Dame ! n'en reçoit pas qui veut... Mais j'y songe : on prétend qu'à la cour on est dans l'usage de faire le contraire de ce qu'on pense, et qu'il faut toujours comprendre l'opposé de ce qu'on dit... Elle m'a battu, donc elle m'adore !... Elle se sauve, donc elle m'engage à la suivre ! C'est bien ça ! Ces grandes dames, ça vous a des manières qu'on ne cultive pas au régiment... Attends, attends, belle châtelaine, je vas te prouver insensiblement que les dragons de la Reine ne sont pas des conscrits. Trompette, sonne la charge ; une, deusse ! et en avant !... (Il va pour sortir.) Bon ! v'la encore une marquise ! Non ; c'est un marquis : ah çà, c'est donc une boîte à parchemins, ce château ! Je vais faire en sorte de connaître insensiblement les états de service de ma princesse.

SCÈNE VI.

BELFLEUR, JONQUILLE, en habit brodé; il porte un panier de vin.

JONQUILLE, montrant son panier; à part.
V'là toujours de quoi l'occuper et l'empêcher d'enjôler Marton.

BELFLEUR, à part.
Un panier de vin !... Voilà un homme qui se présente bien : ça doit être un gentilhomme de bonne maison... (Haut.) C'est sans doute le propriétaire de cet honorable établissement, que j'ai l'honneur d'interloquer ?

JONQUILLE, à part.
Faut pas se couper : attention ! (Haut.) C'est moi-même que vous avez celui de... comme vous dites.

BELFLEUR.

J'arrive insensiblement dans ces parages embellis par la nature, à l'effet d'y rafraîchir mon escouade, avec tous les égards susceptibles aux peuplades de la localité.

JONQUILLE.

Les peuplades de... ce que vous dites n'ont jamais refusé un verre de liquide pour le rafraîchissement de l'armée française.

BELFLEUR.

L'armée française n'ignore pas, de son côté, que Mars et Bacchus sont cousins issus de germains.

JONQUILLE.

D'ame! c'est bien possible : j'connais pas la famille.

BELFLEUR.

Bacchus cultive la vigne, et Mars arrose le laurier, comme Vénus fait éclore les myrthes.

JONQUILLE.

Ils se mettent trois pour ça!... V'là d'habiles jardiniers! Les myrthes, la vigne et le laurier, ça me connaît, et je les cultive tous trois ensemble, à moi tout seul.

BELFLEUR.

Tudieu! quel gaillard... Alors, je m'apprête à boire à votre santé.

JONQUILLE, disposant les verres.

Je ne recule pas plus devant le gobelet, que devant le bavolet.

BELFLEUR, à qui il a versé.

Scélérat !... Oh! mais ne pas confondre... Il y a entre eux une fière différence.

JONQUILLE, à part.

Il a l'air bon enfant.

CHANSON A BOIRE.

I

BELFLEUR, le verre à la main.
Le vin n'est pas comme les femmes :
Plus il est vieux, plus il est bon.

JONQUILLE.
Bon !
BELFLEUR.
Jamais le vin n'a plus de flammes
Qu'à l'âge où les femmes s'en vont.
JONQUILLE.
Bon
BELFLEUR.
Mais quand je suis près d'un' jeunesse,
Mon cœur change d'opinion.
JONQUILLE.
Bon !
BELFLEUR.
Et je préfère, en ma sagesse,
A tout vieux vin jeune tendron.
JONQUILLE.
Bon !
Et bon bon bon ! le vin est bon !
Mais le tendron est toujours bon !

II

BELFLEUR.
Quand dans mon verr' le vin petille,
J'adore et bouteille et flacon.
JONQUILLE.
Bon !
BELFLEUR.
Mais à l'aspect d'un œil qui brille,
Je laisse échapper le bouchon
JONQUILLE.
Bon !
BELFLEUR.
Or, voulez-vous, messieurs et dames,
Connaître ma conclusion ?...
JONQUILLE.
Bon !
BELFLEUR.
Quand ell' s sont bonn', j'aime les femmes
J'aime le vin quand il est bon.

JONQUILLE.

Bon !

Et bon, bon, bon ! le vin est bon ;
Mais le tendron est toujours bon !

ENSEMBLE.

Bon !

BELFLEUR.

Ah !... A propos de ça, châtelain hospitalier, vous pourriez peut-être me renseigner insensiblement sur la jeune princesse qui me quitte à l'instant, et qui m'a l'air de cultiver les myrthes...

JONQUILLE.

Quelle princesse ?

BELFLEUR.

Quand j'articule princesse, peut-être bien est-ce une marquise, une duchesse, ou une autre divinité champêtre ; mais enfin c'est la plus belle section du sexe enchanteur que j'aie jamais rencontrée dans mes étapes : des yeux qui font des feux de peloton, des dents qui sonnent le rappel, et une main... qui bat la générale !

JONQUILLE, à part.

Sac à raisin !... il a vu Marton !... (Haut.) Ah ! oui, je sais, je sais... Mais, voyez-vous, militaire, faut pas se fier aux apparences. Les femmes, c'est, sauf respect, comme les pêches d'espalier : vu de face, c'est vermeil et velouté, ça séduit à l'œil ; mais, vu du côté du mur, c'est pas grand chose.

BELFLEUR.

Bah !... Alors, il paraît que je l'ai mirée du bon côté, car, par ma dragonne ! elle m'a fait l'effet d'un joli fruit qu'on ne serait pas fâché de s'approprier insensiblement.

JONQUILLE, à part.

Bigre !... Faut détourner le coup. (Haut.) Je vas vous dire militaire ; c'est que... le fruit est approprié, pour le moment.

BELFLEUR.

Comment ?

JONQUILLE.
Quand Bellone s'en va,
L'Amour revient bien vite.

BELFLEUR.
Qu'inférez-vous de ce quatrain?

JONQUILLE.
Dame! vu que la paix va refleurir et que les arts vont renaître, à ce que dit M. le bailli.

BELFLEUR.
Eh bien?

JONQUILLE, à part.
C'est le seul moyen! (Haut.) Parlant par respect, militaire, je vas profiter de la circonstance pour en faire mon épouse proprement dit.

BELFLEUR.
Vous!

JONQUILLE.
Dame!... Peut-être ben que oui, militaire... On est aimé, à ce qu'on soupçonne... on n'est pas désagriable, à ce qu'on se figure.

BELFLEUR, à part.
Corbleu! elle s'est moquée de moi? (Haut.) En ce cas, vous êtes son fiancé?

JONQUILLE.
On se le persuade.

BELFLEUR.
Et, comme tel, vous êtes responsable de ses faits et gestes...

JONQUILLE.
Quel geste?

BELFLEUR, se tâtant la joue.
Le geste n'y fait rien... Vous êtes gentilhomme, je suis militaire; nous pouvons nous entendre.

JONQUILLE.
Certainement que nous pouvons nous entendre.

BELFLEUR.
A la bonne heure, vous êtes brave : ma lame peut se me-

surer avec la vôtre... J'ai reçu un soufflet de votre fiancée; j'en demande raison, et, comme j'ai l'habitude de ce genre d'opération, sans aller plus loin, en deux temps, deux mouvements, je vous règle la chose. (Il met l'épée à la main.)

JONQUILLE, reculant.

Ah çà, qu'est-ce qu'il lui prend donc?

BELFLEUR, portant une botte.

Çà! dégainons!

JONQUILLE.

Pas de bêtises, dites donc! Vous allez me piquer : c'est pas de jeu ça!

BELFLEUR, le menaçant.

En garde!

JONQUILLE, à part.

Il me prend pour les Autrichiens! (Haut.) Militaire, je suis Français, vous êtes Français...

BELFLEUR.

Donc, l'affaire peut s'arranger!

JONQUILLE.

C'est ce que je demande... Arrangeons l'affaire.

BELFLEUR.

En garde donc, monsieur le marquis.

JONQUILLE.

Je ne suis pas marquis!

BELFLEUR.

Comte, duc, empereur d'Autriche, ou grand-duc de Toscane; le titre n'y fait rien.

JONQUILLE.

Mais je vous dis que je me nomme Jonquille; que je suis tout bêtement, le garçon jardinier de céans.

BELFLEUR, baissant l'épée.

Hein!... Jonquille!... jardinier! Ah! çà, ce costume? cette épée!...

JONQUILLE.

Histoire de batifoler, en l'absence des maîtres.

BELFLEUR.

Que me contez-vous là?... Mais est-ce qu'un jardinier épouse des comtesses?

####### JONQUILLE.

Qui ça?... Madame la comtesse, notre maîtresse?... Elle est à Valenciennes, ousqu'elle fuit les horreurs de Bellone ; il n'y a ici que Marton : vous le savez bien, puisque vous venez de me le dire.

####### BELFLEUR.

Marton ! Un nom de soubrette.

####### JONQUILLE.

Dame ! C'est les pêches dont nous parlions : il s'agit de les voir du bon côté. (Regardant dehors.) Tenez, la v'là qui vient par ici... Tiens ! all' s'a aussi attiffée comme moi ! Dieu de Dieu ! est-elle avenante dans cet uniforme !

####### BELFLEUR, à part.

Ah ! on m'a pris pour un imbécile !... Elle a la première manche ; voyons qui gagnera la seconde. (Il remet son épée.)

####### JONQUILLE, riant.

Et comme ça, elle vous a bâillé un ?...

####### BELFLEUR.

Et je ne le regrette pas : femme qui soufflette ; femme qui aime.

####### JONQUILLE.

Alors, elle doit joliment m'adorer, vu qu'elle m'a donné plus de vingt claques... et des conditionnées !

####### BELFLEUR, voyant venir Marton.

Silence ! et, sur tes deux oreilles, approuve tout ce que je dirai ; sans quoi je te pends insensiblement à la partie supérieure de ma lame.

####### JONQUILLE, à part.

Il fait une fière chaleur, et je voudrais bien ôter mon habit de marquis !

SCÈNE VII.

BELFLEUR, MARTON, JONQUILLE.

FINALE.

BELFLEUR, feignant de ne pas voir Marton.

Ainsi, marquis, cette soubrette,
Cette Marton vous déplaît fort ?

JONQUILLE.

Comment!

BELFLEUR, bas à Jonquille.

Morbleu!

JONQUILLE, tremblant.

Je le répète :
L'aimer, monsieur, est un grand tort.

MARTON, à part, sans être vue.

Jonquill' marquis... c'est un peu fort!

BELFLEUR.

C'est, disiez-vous, une coquette,
A qui vous vouliez faire un sort.

JONQUILLE.

Comment!

BELFLEUR, bas.

Morbleu!

JONQUILLE, tremblant.

Je le répète :
Oui, d'y songer j'avais grand tort.

MARTON, à part.

Jonquill' trompeur, c'est un peu fort!

BELFLEUR.

Quant à madame la marquise,
Il faut qu'elle ignore mon nom :
Aujourd'hui, si je me déguise,
Vous en connaissez la raison.

JONQUILLE.

Qui?... Moi?...

(Menace de Belfleur.)

J'en connais la raison

MARTON, à part.

Ce n'est pas un simple dragon !

JONQUILLE, à part.

Il me tuera, si je dis non !

BELFLEUR.

Le roi, vous le savez, m'ordonne,
En m'arrêtant dans ce château,
De ne me nommer à personne,
Et de garder l'incognito.

JONQUILLE.

Ah bah!...

(Menace de Belfleur.)

C'est vrai... le coqu'licot!

MARTON, à part.

C'est donc un seigneur comme il faut!

JONQUILLE, à part.

Du diabl' si j'y comprends un mot!

ENSEMBLE.

BELFLEUR, à part.

Marton nous écoute;
Elle me comprend,
Et déjà, sans doute,
Elle se repent.
La ruse, j'espère,
Pourra réussir;
Le moyen opère,
Voyons-la venir.

JONQUILLE, à part.

Ma foi! plus j'écoute,
Et moins je comprends;
J'ai fait fausse route,
Et je m'en repens.
Ceci, je l'espère,
Va bientôt finir :
Hélas! comment faire?
Comment en sortir?

MARTON, à part.

Ah! plus je l'écoute,
Et plus je comprends :
J'ai fait fausse route,
Et je m'en repens.
Ceci, je l'espère,
Pourra bien finir;
Mais que faut-il faire
Pour mieux en sortir?

Allons!... il faut agir avec audace;
Je puis encor obtenir mon pardon

BELFLEUR, la voyant qui s'avance.

C'est vous, marquise?... Approchez donc, de grâce.

JONQUILLE.

Elle marquise!... Eh! monsieur, c'est Marton.

BELFLEUR.

Marton!

JONQUILLE.

Oui, c'est Marton.

MARTON, se présentant.

C'est mon vrai nom.

BELFLEUR.

Vous me trompez : tant de noblesse
Avec ce nom n'est pas d'accord.

JONQUILLE.

Comment!

BELFLEUR, avec menace.

Corbleu!

JONQUILLE, tremblant.

Je le confesse :
C'est un' marquise, et j'avais tort.

MARTON, à part.

Jonquill' qui ment, c'est un peu fort!

BELFLEUR.

C'est votre femme... Hélas! sans cesse
Mon cœur envira votre sort.

JONQUILLE.

Comment!

BELFLEUR.

Corbleu!

JONQUILLE.

Je le confesse :
Je l'oubliais, j'avais grand tort.

MARTON, à part.

Ah! par exempl, c'est un peu fort!

BELFLEUR, avec accablement.

Je pars, madame la marquise;
Je dois quitter cette maison :
Mes sentiments, je les déguise;
Monsieur en connaît la raison.

MANCHE A MANCHE.

JONQUILLE, menace de Belfleur.
Qui ? moi !... J'en connais la raison !
MARTON, à part.
Ah ! que n'est-il simple dragon !
JONQUILLE, à part.
Il va me tuer, si je dis non !
BELFLEUR.
Que n'êtes-vous simple soubrette ?
Alors, sans quitter ce château,
Je vous présenterais ma requête
Pour être à vous incognito.
JONQUILLE, coup d'œil de Belfleur.
Ah ! mais... c'est just' : le coqu'licot !
MARTON, à part.
C'est là le mari qu'il me faut !
JONQUILLE, à part.
Du diable, si j'y comprends un mot !

REPRISE DE L'ENSEMBLE.

BELFLEUR, à part.
Je suis sur la route ;
Elle me comprend,
Et déjà sans doute
Elle se repent.
La ruse, j'espère,
Pourra réussir ;
Le moyen opère,
Elle y va venir
JONQUILLE, à part.
Ma foi ! plus j'écoute...
Et moins je comprends ;
J'ai fait. . . . .
. . . .
. . . .
. . . .
. . . .

MARTON, à part.
Ah! plus je l'écoute,
Et plus je comprends;
J'ai fait. . . . . .
. . . .
. . . .
. . . .
. . . .
. . . .

MARTON, à part.
Allons! Il faut agir avec audace;
Je puis encor obtenir mon pardon.
BELFLEUR.
Adieu, marquis', pardonnez-moi de grâce.
MARTON.
Qui? moi marquis'! monsieur, je suis Marton.
BELFLEUR.
Marton!
JONQUILLE.
Oui, c'est Marton.
MARTON.
C'est bien mon nom.
Oui, je suis Marton, Marton la soubrette;
Je n' suis plus marquis'; je reprends mon nom;
J' veux aimer et rire; et je le répète :
Oui, je suis soubrette; oui, je suis Marton :
Tant pis! j' suis Marton!
C'est trop gênant d'être grand' dame.
Vivre gaîment est bien plus doux...
J'ai la jeunesse, et, sur mon âme,
Ça vaut mieux qu' dentelles et bijoux...
Adieu noblesse,
Adieu, grandeur;
La vrai' richesse
C'est cell' du cœur!
Adieu la soie
Et les ennuis :
Vive la joie!
V'là comm' je suis!
Oui, je suis Marton, etc.

BELFLEUR.

Moi je suis Belfleur, j' nai pas d'épaulettes,
Je suis brigadier, je reprends mon nom ;
J' veux aimer et rire, et fair' votr' conquête ;
Oui, je suis Belfleur, oui je suis dragon :
      Tant pis ! j' suis dragon !

Je n'ai ni grade, ni puissance ;
Mais je m' console à cet égard :
J'ai les roses de l'espérance :
Ça vaut mieux qu' la grain' d'épinard.

      J'ai fait un rêve ;
      C'est le bonheur :
      Fait's qu'il s'achève
      Sur votre cœur :
      Ouvrez la voie
      Et je vous suis :
      Vive la joie !
      V'là comm' je suis !

ENSEMBLE.

Oui, je suis Belfleur, etc.

MARTON.

Oui, je suis Marton, etc.

JONQUILLE, à part.

Et moi, qu'est-c' que j' suis !... J'rest' là comm' un' bête :
J' suis tout étourdi, j'en oubli' mon nom !
J' n'y comprends plus rien : j'en perdrai la tête :
Est-ce un général, ou bien un dragon !
      Je n' dis oui, ni non !

BELFLEUR.

Eh bien, que vous en semble !

MARTON.

Quel est votr' sentiment !

BELFLEUR.

Le hasard nous rassemble...

MARTON.

Profitons du moment.

JONQUILLE.
Ils vont s' marier ensemble !
BELFLEUR.
Dame !... insensiblement.
MARTON, à part.
C'est un seigneur, certainement !
JONQUILLE, à part.
Je m' suis perdu par ma sottise !
BELFLEUR, à part.
Nous somm's manche à... ça m'est égal !
MARTON, à part.
Il me prend pour une marquise !
BELFLEUR, à part.
Ell' me prend pour un général !
(Lui tendant la main.)
A vous toujours, belle marquise,
MARTON, de même.
A vous toujours, beau général.
JONQUILLE, au public.
Il paraît qu' c'est un général.

REPRISE DE L'ENSEMBLE DE LA SCÈNE QUATRIÈME.

BELFLEUR.

Vive la franchise
Et plus de détour,
Soubrette ou marquise,
A vous mon amour :
Pour moi tout conspire,
Je puis vous aimer ;
Laissez-moi le dire
Et vous le prouver.

MARTON.

Vive la franchise
Et plus de détour !
Ma foi ! j'autorise
Un si bel amour :

Pour moi tout conspire,
Je puis vous aimer;
Vous pouvez le dire
Et me le prouver.

JONQUILLE, à part.
C'est trop de franchise
Pour le premier jour!
Voilà qui défrise
Hélas! mon amour...
J'ai beau les maudire,
Faut m'y décider;
Il n' s'agit pas d' rire :
Il est homme à m' tuer!

FIN DE MANCHE A MANCHE.

L'ACCORD PARFAIT

OPÉRA-COMIQUE EN UN ACTE

MUSIQUE DE PAUL BERNARD

Représenté, pour la première fois, sur le théâtre Pigeory.

PERSONNAGES

LE VICOMTE DE PORTEMONT. . . . . .   M. Lefort.
LA MARQUISE DE BELLASSISE . . . . .   Mlle Mira.

——— ———

A Paris, chez la marquise : portes latérales ; tables ; table à écrire ; piano
cahiers de musique.

L'ACCORD PARFAIT

SCÈNE PREMIÈRE.

LA MARQUISE, seule.

Enfin, c'est fort heureux!... Voici mon horrible voisin qui me laisse un instant de repos!... Depuis trois jours que je suis rentrée de la campagne, je n'ai pas eu cinq minutes de répit... Dès que le soleil se lève, cet homme se met à chanter à tue-tête pendant des heures entières, et, s'il cesse parfois ses interminables vocalises, c'est pour m'infliger un autre supplice : Il se prend à déclamer ce qu'il a chanté, puis à chanter encore ce qu'il a déclamé... Étudiez donc avec un pareil voisinage!... Moi qui adore la musique et qui reviens à Paris pour travailler consciencieusement avec les grands maîtres, me voici réduite à fermer mon piano, ou à résilier mon bail!... Le moyen de m'entendre, quand je chante en ré majeur, et que mon voisin vocifère en sol mineur! (Allant au piano.) Voyons, profitons de son absence pour revoir cette cantilène qui me paraît vraiment charmante. (Prenant une feuille, et lisant.) Pourquoi!... Paroles et musique du vicomte de Portemont... C'est sans doute un pseudonyme. Dans tous les cas, l'auteur doit être un homme d'esprit et un homme de cœur. (Elle prélude et s'accompagne.)

CANTILÈNE.

1

Pourquoi je t'aime, objet charmant?
Tu le demandes?... Mais le sais-je!

L'oiseau qui chante au firmament
Aime l'azur qui le protége.
Sait-il pourquo Noni ? pas vraiment.
La fleur, que la main de Dieu sème,
S'entr'ouvre aux baisers du soleil.
Pourquoi?... Le sait-elle elle-même?
A tout cela je suis pareil :
Je t'aime... parce que je t'aime!

II

Est-ce ton œil plein de langueur,
Ta lèvre où se suspend mon âme?
Est-ce ton front, est-ce ton cœur
Dont la beauté brille et m'enflamme?
D'où vient que j'aime avec ardeur?...
Je n'en sais rien. C'est un problème;
Mais je sens bien qu'auprès de toi
La vie est un bonheur suprême.
Ne me demande pas pourquoi...
Je t'aime... parce que je t'aime!

III

Je suis heureux quand tu souris,
Et j'aime encor à voir tes larmes ;
Car dans ces pleurs que je taris,
Je puise un bonheur plein de charmes :
Ombre ou rayon, je te chéris!
Lorsque tu parles, joie extrême!
J'éprouve un indicible émoi.
Dans ton silence, c'est de même.
Ne me demande pas pourquoi...
Je t'aime... parce que je t'aime!

(Au moment où elle joue la ritournelle comme pour dire un quatrième
couplet, on entend chanter dans la coulisse.)

LE VICOMTE, dehors.

REFRAIN.

Lunettes, compagnes discrètes
Qui consolez mes derniers jours ;
Je vous bénis, chères lunettes,
 Lunettes, mes amours!

L'ACCORD PARFAIT.

LA MARQUISE, se levant.

Allons, bon!... le voici revenu!... Je n'ai jamais pu achever un morceau, sans qu'il vînt se jeter à la traverse!...
Comme c'est gracieux! On parle des plus douces choses du
cœur... et il vous répond lunettes et pince-nez!... Une
chanson d'opticien!... Des vers de myope ou de presbyte!!!
Quelle poésie!

LE VICOMTE, dehors.

I

Quand j'avais vingt ans, vos cristaux limpides
Me montraient la vie à travers l'azur;
Tout était charmant à mes yeux timides :
Ainsi que le ciel, mon cœur était pur...

LA MARQUISE.

Il a, je le vois, atteint l'âge mûr!

LE VICOMTE, dehors.

Je voyais partout des amours fidèles,
Des serments tenus, des amis constants...
C'était la saison des roses nouvelles,
Et j'avais alors mes yeux de vingt ans!

LA MARQUISE.

Ah! je m'en doutais : il a soixante ans!

C'est intolérable! Et décidément, je vais me plaindre au
propriétaire, que je ne connais pas, et qui doit faire la police dans sa maison. (Elle va à la table et se met à écrire.)

LE VICOMTE, dehors.

II

D'où vient qu'aujourd'hui, lunettes sévères,
J'aperçois enfin la réalité?
J'ai beau vous frotter, ô mes pauvres verres,
Je ne vois, hélas! que la vérité.

LA MARQUISE, écrivant.

Il a dépassé sa majorité!

LE VICOMTE, dehors.

Où sont les ciels bleus, les belles journées,

Les soleils d'été, les fleurs du printemps?
Ah! c'est la saison des roses fanées,
Et mes yeux hier ont eu soixante ans!

LA MARQUISE, qui écrit.
Je le disais bien : il a soixante ans!

Et dire qu'il y a peut-être vingt-trois couplets comme cela!... C'est à prendre la musique en exécration : Voyons, mettons l'adresse... A Monsieur... Tiens! je ne sais pas le nom! Mettons : — Au propriétaire.

LE VICOMTE, tandis qu'elle écrit.

III

Mais pourquoi me plaindre? A toute vieillesse
La bonté de Dieu garde des bonheurs :
N'ai-je pas encor, lorsque le jour baisse,
Là-haut, dans l'azur, de douces lueurs?

LA MARQUISE, pliant la lettre.
Ah! que Dieu, là-haut, garde les chanteurs!

LE VICOMTE, dehors.
Je vois, grâce à vous, lunettes fidèles,
Rêver, comme moi, mes petits enfants;
C'est toujours le temps des roses nouvelles,
Et j'ai retrouvé mes yeux de vingt ans!

LA MARQUISE, en cachetant sa lettre.
Que n'a-t-il trouvé sa voix de vingt ans!

ENSEMBLE.

LE VICOMTE.

Lunettes, compagnes discrètes
Qui consolez mes derniers jours,
Je vous bénis, chères lunettes,
Lunettes, mes amours!

LA MARQUISE.

Lunettes, compagnes discrètes,
Qui désolez mes plus beaux jours,
Je vous maudis, vieilles lunettes,
Lunettes, ses amours!

LA MARQUISE, se levant.

Il ne cessera pas!... et c'est ainsi toute la journée : il faut en finir. (Elle sonne.) Cette lettre au propriétaire, et j'espère qu'il comprendra toute la légitimité de ma plainte. (Elle sonne de nouveau.) Pourvu que Justine soit là!... Elle s'est éprise d'un fifre de la garde nationale qui demeure en face... Il ne manquerait plus que de m'amener ici les vingt-cinq tambours de la légion! (Elle appelle.) Justine!... Allons! il est dit que je serai, jusqu'à la fin, victime de la musique!... Voyons où elle est. (Elle sort par la droite, emportant la lettre.)

SCÈNE II.

LE VICOMTE, entrant par la gauche; à la cantonade.

Fort bien!... Veuillez dire à madame la marquise que c'est le propriétaire de la maison qui n'a que deux mots à lui dire. (Descendant la scène.) Cela commence à devenir un peu trop agréable! Entendre toute une journée, des exercices, des études, et des vocalises!... C'est un supplice au-dessus de mes forces. Composez donc avec un pareil voisinage : livrez-vous aux charmes de l'inspiration... Ma foi! voici trois jours que ma nouvelle locataire est devenue ma voisine; je ne la connais pas, mais je viens de charger le concierge de lui remettre un mot qui, d'avance, l'aura préparée à ma visite... Elle est cause que je ne pourrai livrer l'opérette que j'ai promise pour la fin de cette semaine... Voilà dix fois qu'elle me force à refaire mes couplets sur les lunettes... Un morceau capital!... Entraver la composition d'un travail attendu par toute une société charmante!... C'est bien assez pour légitimer une résiliation de bail! Car enfin, il s'agit d'un opéra de salon, et certes, ce n'est pas une petite affaire qu'un opéra de salon!

AIR.

REFRAIN.

C'est un plaisir mis à la mode
Par les maîtresses de maison;

Pour elles, rien n'est plus commode
Que l'opérette de salon.

 Chez vous il arrive
 Trois cents invités
 Dans l'expectative
 De se voir fêtés...
 Alors, plus d'excuse,
 Et, bon gré mal gré,
 Il faut qu'on s'amuse,
 C'est un droit sacré...
 Un auteur lyrique
 Vous broche un livret;
 Quant à la musique,
 Un autre la fait.
 On prend un soprane
 Avec un ténor,
 Dont le double organe
 Est parfois d'accord.
 On a pour orchestre
 Un piano tel quel
 Que loue au trimestre
 Érard ou Pleyel.
 On fait un théâtre
 Sans trop de façons;
 Il s'agit d'abattre
 Une ou deux cloisons.
 La foule idolâtre
 Se case à peu près,
 Et l'on se met quatre
 Sur deux tabourets.
 Voisins et voisines
 Se pressent un peu,
 Et les crinolines
 Ne sont pas du jeu.
 On convient d'avance
 De tout applaudir;
 Il est fait défense
 De jamais dormir.
 On claque, on fait rage

Tant que l'on est là...
On se dédommage
Quand chacun s'en va.
Alors, la critique
Siffle, de tout cœur,
Poëme et musique,
Orchestre et chanteur...
Enfin l'on rajuste
Meubles et cloisons,
Et, comme de juste,
Robes et jupons ;
Il n'est qu'une chose
Qu'on démolira :
Les vers et la prose
Du pauvre opéra !
Un parfois sur mille
N'a pas ce sort-là.
Pas plus difficile,
Mon Dieu, que cela !

REFRAIN.

C'est un plaisir mis à la mode
Par les maîtresses de maison ;
Pour elles, rien n'est plus commode
Que l'opérette de salon.

Quoi qu'il en soit, c'est un genre de travail qui m'amuse, et, lorsqu'on a vingt-cinq ans, et quarante mille francs de rente ; lorsque l'on est poëte et propriétaire, on doit bénir le ciel, qui, au lieu de vous inspirer le saint amour de l'art, pouvait tout aussi bien vous faire cultiver les chevaux, les chiens... et le reste... Ah ! voici quelqu'un... ma locataire sans doute... Quelque vieille coquette... Une fauvette en retraite, un rossignol d'automne ! (La voyant entrer.) Eh ! non, parbleu ! Une gracieuse jeune femme !...

SCÈNE III.

LE VICOMTE, LA MARQUISE.

DUETTO.

LA MARQUISE, entrant.
Pardon, monsieur, je vous dérange.
LE VICOMTE.
J'allais, madame, en dire autant.
LA MARQUISE.
Ma démarche est peut-être étrange.
LE VICOMTE.
La mienne l'est assurément.
LA MARQUISE.
C'est malgré moi, je vous assure;
Vous voudrez bien me pardonner.
LE VICOMTE.
C'est à regret, je vous le jure;
Veuillez, madame, m'excuser.

ENSEMBLE.

LE VICOMTE, à part.
Elle est fort honnête
Et très-bien, ma foi!
Vraiment je regrette
D'user de mon droit.
Elle a lu ma lettre,
Et déjà j'ai peur
De montrer peut-être
Trop grande rigueur.

LA MARQUISE, à part.
Il est fort honnête
Il est très-bien, ma foi!
Quant à ma requête,
Il y fera droit.
Il a lu ma lettre,
Et, pour mon chanteur,

Il va me promettre
D'user de rigueur.
####### LA MARQUISE.
Monsieur, j'adore la musique.
####### LE VICOMTE.
Et moi, madame, j'en suis fou.
####### LA MARQUISE.
Permettez donc que je m'explique...
####### LE VICOMTE.
Je m'en rapporte à vous, sur tout.
####### LA MARQUISE.
L'étude exige le silence
Elle se trouble au moindre bruit.
####### LE VICOMTE.
Je vois que vous avez d'avance
Compris ma visite aujourd'hui.

REPRISE DE L'ENSEMBLE.

####### LE VICOMTE.
Elle est fort honnête.
####### LA MARQUISE.
Il est fort honnête.

####### LA MARQUISE.
Veuillez donc vous asseoir, monsieur, je vous prie.
####### LE VICOMTE, s'asseyant.
Mille fois bonne, madame... (A part, tandis que la marquise s'assied.) Elle est charmante! et je ne sais comment aborder la question.
####### LA MARQUISE.
Je suis ravie d'apprendre, monsieur, que nous nous livrons aux mêmes études; j'ai du moins l'espérance que nous pourrons nous entendre.
####### LE VICOMTE.
Cette conformité de goût nous offre en effet la chance de nous mettre bientôt d'accord.
####### LA MARQUISE.
Oh!... c'est selon : N'est-ce pas La Bruyère qui a dit que si

6.

la discorde était exilée de la terre, elle trouverait son droit d'asile dans la douteuse harmonie de certaines organisations musicales?

LE VICOMTE.

La Bruyère, j'en suis sûr, eût écrit tout le contraire, s'il avait eu le bonheur de vous entendre.

LA MARQUISE.

C'est un privilége que vous me permettrez de ne pas regretter. Le dix-septième siècle est déjà si loin !

LE VICOMTE.

Heureusement, madame! Vous me faisiez oublier que le temps peut faner toutes les roses.

LA MARQUISE, à part.

Il est galant !

LE VICOMTE, de même.

Elle est spirituelle !

LA MARQUISE.

Je ne voudrais pas abuser de votre extrême bienveillance, monsieur, et je vous demande la permission de vous expliquer ma requête en deux mots. (A part). Ma lettre l'a préparé.

LE VICOMTE.

Comment donc, madame! Croyez que d'avance je souscris à vos moindres désirs. (A part.) Elle détourne la question.

LA MARQUISE.

Comme propriétaire, vous devez, hélas! être malheureusement trop habitué aux exigences de vos locataires.

LE VICOMTE.

C'est souvent une triste nécessité; mais c'est parfois une rare compensation à nos ennuis. (A part.) Elle va me demander des réparations !

LA MARQUISE.

Comme vous le dites vous-même, l'étude de notre art devient impossible dans certaines conditions : on conçoit, par exemple, qu'il est des voisinages fort gênants...

LE VICOMTE, à part.

Ah! diable ! Elle a lu ma lettre !

LA MARQUISE.

Des oppositions d'études qui engendrent une sorte de discordante cacophonie...

LE VICOMTE, vivement.

C'est-à-dire, madame... J'ai peut-être été un peu loin... Je me plaignais en effet... Je disais... certainement je pense... Mais, en définitive, je ne voudrais pas que ma façon de voir en ceci, pût le moins du monde vous influencer. (A part.) Je voudrais bien retirer ma lettre !

LA MARQUISE.

Ah !... voici déjà que le propriétaire montre son bout d'oreille !

LE VICOMTE.

C'est qu'il est des sacrifices que je ne puis accepter.

LA MARQUISE.

Des sacrifices !... Alors, monsieur, je vous comprends.

LA MARQUISE.

Je dois quitter cette retraite ;
C'est décidé, je le vois bien,
Mais... qu'est-ce donc que j'y regrette ?
En vérité, je n'en sais rien !
   Tout ce qui m'environne
   Est étranger pour moi,
   Je n'y connais personne.

LE VICOMTE.

Eh quoi ! personne !

LA MARQUISE.

Que le concierge... et vous, je crois !
   Je vous vis, tout à l'heure
   Pour la première fois ;
   Rien, dans cette demeure
   N'arrête donc mon choix.
Peut-être aurais-je pu m'y plaire ;
Mais ce n'est pas une raison,
Pour faire qu'un propriétaire
Ne soit pas maître en sa maison.

LE VICOMTE.

Eh quoi, madame! vous songeriez à prendre à la lettre une simple observation... En admettant que j'aie pu vous laisser supposer de pareilles intentions, vous comprenez facilement qu'après vous avoir vue, mes idées doivent être complétement modifiées. (A part.) Diable de lettre! je l'ai écrite trop vite!

LA MARQUISE, se levant.

Vous avez du moins la franchise de votre emploi, monsieur; et je comprends dès lors que c'est à moi de céder devant le droit dont vous êtes armé, de par les clauses que j'ai signées, sans les lire.

LE VICOMTE, qui s'est levé.

Permettez, madame; nos droits sont mutuels, et j'ai toujours celui de me soumettre aux désirs... aux caprices mêmes de mes locataires.

LA MARQUISE.

Mais vous y tenez donc beaucoup à ce locataire, dont le voisinage, vous en convenez, est fort gênant?

LE VICOMTE.

Si j'y tiens!... Maintenant, plus que jamais... et je n'ai pas besoin de vous dire que cette malencontreuse lettre doit être regardée comme non avenue.

LA MARQUISE.

Et vous voyez donc bien, monsieur, que La Bruyère connaît parfaitement le cœur humain, quand il parle du désaccord de certaines organisations... Nous voici loin de l'accord parfait!... Du reste, je n'insiste pas, et je comprends qu'il ne me reste qu'à me retirer.

LE VICOMTE.

C'est une faculté que je ne consentirai jamais à vous accorder!

LA MARQUISE.

Comment!... Prétendez-vous que mon bail soit conçu en termes tels, que je ne puisse le résilier, en certains cas?

LE VICOMTE.

Oh! quant à cela, madame, je tiens trop à des droits qui,

aujourd'hui surtout, me deviennent si précieux, pour ne pas vous aller chercher immédiatement la preuve du contraire.

LA MARQUISE.

Quoi !... vous prétendez me contraindre à rester ici, et à continuer le supplice d'un voisinage qui gêne tous vos locataires.

LE VICOMTE.

Ce voisinage est charmant; je ne le céderais pas maintenant pour tous les trésors du monde, et je vous répète qu'une lettre écrite dans un moment de mauvaise humeur, ne doit pas troubler des rapports qui peuvent devenir si agréables.

LA MARQUISE.

On n'est pas plus explicite !

LE VICOMTE.

J'use de mes droits.

LA MARQUISE.

Vous me permettrez de douter de leur omnipotence.

LE VICOMTE.

C'est justement ce que je vais avoir l'honneur de vous prouver, en vous rapportant l'acte qui établit ce que le Code appelle le privilége du propriétaire, mais, ce que je nomme, moi, la plus douce prérogative du maître de maison.

LA MARQUISE.

Oh ! Je ne comprends rien aux termes de procédure.

LE VICOMTE.

Il me sera facile de vous les faire comprendre.

LA MARQUISE.

C'est ce que nous verrons !

LE VICOMTE.

Dans cinq minutes, madame... (A part.) Imbécile de concierge, qui remet les lettres exactement ! (Il sort.)

SCÈNE IV.

LA MARQUISE, seule.

Eh bien, voilà un homme complétement à cheval sur ses droits ! Et j'ai bien peur, tout musicien qu'il soit, que nous n'arrivions jamais à nous accorder... Mais, au total, s'il a le privilége de garder son locataire mélomane, libre à moi de lui quitter la place, sauf à lui payer, s'il l'exige, des dommages-intérêts : ma lettre lui transmet, à cet égard, les offres les plus raisonnables... Ah!... à propos de lettre, en voici une qui vient de m'être remise, et que cette visite m'a empêchée de lire... (Regardant la lettre.) D'où cela peut-il venir?... Il n'y a pas de timbre. (Ouvrant, et voyant la signature.) Vicomte de Portemont!... Mais, c'est le nom du poëte et du compositeur, dont j'admire le double talent !... Voilà une coïncidence que je ne comprends pas... Voyons ce qu'il écrit... Si j'en juge par ses ouvrages, cette lettre doit être délicieuse... (Elle lit.) « Madame la marquise, je regrette vivement que le genre d'études musicales auxquelles vous vous livrez, soit précisément celui qui tend à troubler le plus le travail auquel j'ai voué mes loisirs. Peut-être n'est-ce que le désespoir de ne pouvoir égaler les charmes d'un talent que je suis réduit à n'apprécier qu'à travers un mur trop mitoyen ; toujours est-il, qu'à grand'peine, croyez-le bien, madame, je me résigne à abuser de mon droit de propriétaire, pour vous informer que, selon la clause indiquée dans le paragraphe 4 de votre bail, je me vois forcé de vous offrir la résiliation de nos engagements mutuels... Veuillez agréer, madame la marquise, l'expression de mon regret, et l'assurance etc. Vicomte de Portemont... » Propriétaire lui ! le vicomte de Portemont !... Ah ! çà, mais c'est donc lui qui sort d'ici !... C'est donc lui, dont, chaque jour, j'entends la voix !... Ces gracieuses mélodies qui me reposent de mes études sérieuses sont donc filles de son imagination... où plutôt de son cœur ?... Oh! oui, le cœur seul peut produire de si nobles pensées !... Mais alors, c'est donc lui qui me signifie mon congé ? Je ne comprends plus rien à tout ce qu'il vient de me dire. (Le vicomte chante dans la coulisse.)

LE VICOMTE, dehors.
Peut-on s'aimer sans se connaître?
LA MARQUISE.
Ah! c'est sa voix! oui c'est bien lui !
LE VICOMTE, dehors.
Pour plaire, elle n'a qu'à paraître.

L'ACCORD PARFAIT.

LA MARQUISE.
Comme il chante bien aujourd'hui!

ENSEMBLE.

LE VICOMTE
On passerait sa vie
A l'entendre, à la voir :
Si je la congédie,
Adieu tout mon espoir !
Ravissant voisinage,
Ton écho séducteur
Me parle le langage
De l'oreille et du cœur !

LA MARQUISE.
On passerait sa vie
A l'entendre, à le voir :
Et s'il me congédie,
Adieu tout mon espoir !
Ravissant voisinage,
Ton écho séducteur
Me parle le langage
De l'oreille et du cœur !

LA MARQUISE.
Sa voix si pure,
Comme un murmure
Vient jusqu'à moi :
Plus je l'écoute
Et plus je goûte
Un doux émoi !

LE VICOMTE, dehors.
Sa voix charmante
Monte et m'enchante :
Quel doux accord !...
Pourquoi te taire,
O voix si chère?
Ah ! chante encor !...
Oui, je l'aimais, sans la connaître !

LA MARQUISE.
Ah ! c'est sa voix : oui, c'est bien lui,

LE VICOMTE, dehors.
Pour plaire, elle n'a qu'à paraître
LA MARQUISE.
Comme il chante bien aujourd'hui!
REPRISE DE L'ENSEMBLE.
LE VICOMTE.
On passerait sa vie, etc.
LA MARQUISE.
On passerait, etc.

LA MARQUISE.

Eh bien, voilà qu'il cesse!... mais où donc avais-je l'esprit, quand je me plaignais de l'entendre trop souvent?... c'est que véritablement il possède une voix délicieuse, une méthode parfaite, et un sentiment musical qui, loin de troubler mes études, ne pourraient que me servir de modèle... C'est charmant!... Voici que je vais avoir un excellent professeur mitoyen, et de délicieuses leçons à travers les murs!... Mais c'est-à-dire que je suis prête à accepter une augmentation de bail... Et il y aura encore de l'économie... Oui, mais, que signifie cette lettre? Et son obstination à me préférer son locataire mélomame?... Eh mais! ce locataire, c'est lui! c'est bien lui!... je conçois qu'en effet il ne puisse se donner congé à lui-même... Hélas! je commence à comprendre que nous aurons de la peine à trouver l'accord parfait! Lui ou moi, il faut que l'un des deux laisse le place à l'autre; et je ne suppose pas que ce soit mon propriétaire qui me donne l'exemple du déménagement.

AIR.

REPRISE.

Il faut quitter cette retraite ;
C'est décidé : Je le vois bien,
Mais... qu'est-ce donc que je regrette ?
En vérité, je n'en sais rien.

Tout ce qui m'environne
Est étranger pour moi,
Je n'y connais personne,
Qu'un seul... un seul, je crois...

L'ACCORD PARFAIT.

Je l'ai vu, tout à l'heure,
Pour la première fois,
D'où vient que ma demeure
S'embellit à sa voix?...
Il est charmant, il est aimable,
Il a l'esprit, il a le cœur;
Si son talent est remarquable,
Il est modeste, par bonheur...
Les mêmes goûts semblent nous plaire
C'est là peut-être une raison;
Mais, puisqu'il est propriétaire,
Lui seul est maître en sa maison.
Il faut quitter cette retraite :
C'est décidé, je le vois bien;
Mais, qu'est-ce donc que je regrette?
En vérité, je n'en sais rien.

SCÈNE V.

LA MARQUISE, LE VICOMTE.

FINALE.

LE VICOMTE, *montrant sa lettre.*
A l'instant même, on m'apporte une lettre...

LA MARQUISE, *montrant sa lettre.*
A l'instant même, on m'en apporte autant.

LE VICOMTE.
Je l'écrivais, avant de vous connaître.

LA MARQUISE.
Je l'écrivais, cinq minutes avant.

LE VICOMTE.
Mais, maintenant, nous pourrons nous entendre,
De loin, hélas! on se juge si mal!

LA MARQUISE, *montrant un papier qu'il apporte.*
Moins que jamais!... Car, si j'ai su comprendre,
De mon destin, voici l'arrêt fatal.

LE VICOMTE
C'est votre bail... Il est très-explicite :
Mon droit est clair, et n'est point abrogé.

7

LA MARQUISE.

Trouvez donc bon, monsieur, que j'en profite,
Et que j'accepte aujourd'hui mon congé.

LE VICOMTE

Votre congé!

LA MARQUISE.

Oui, mon congé.

ENSEMBLE.

LE VICOMTE, à part.

Ah! pourquoi d'avance
Ai-je pu la voir?
Du moins, sa présence
Me laissait l'espoir :
Lorsqu'on fait un rêve,
Devrait-il finir?
Avant qu'il s'achève
Faut-il donc partir?

LA MARQUISE, à part.

Ah! pourquoi d'avance
Ai-je pu le voir?
Du moins, sa présence
Me laissait l'espoir :
Lorsqu'on fait un rêve,
Devrait-il finir?
Avant qu'il s'achève
Faut-il donc partir?

LE VICOMTE.

Je vous l'ai dit, j'adore la musique.

LA MARQUISE.

Et moi, monsieur, je ne puis m'en passer.

LE VICOMTE.

Votre talent, madame, est magnifique!

LA MARQUISE.

Oh!... par le vôtre il se voit surpasser.

LE VICOMTE.

Mais, séparés, comment pouvoir s'entendre?
De loin, hélas! on se juge si mal!

LA MARQUISE.
C'est vrai, monsieur, et, si je sais comprendre,
Votre conseil est un ordre verbal.
LE VICOMTE.
Ah! je voudrais être plus explicite,
Peut-être alors je serais mieux jugé.
LA MARQUISE.
Je vous entends, monsieur, et j'en profite
Pour accepter aujourd'hui mon congé.
LE VICOMTE.
Votre congé!
LA MARQUISE.
Oui, mon congé,

REPRISE DE L'ENSEMBLE.

LE VICOMTE.
Ah! pourquoi d'avance, etc.
LA MARQUISE.
Ah! pourquoi, etc.
LE VICOMTE.
Eh quoi! partir si vite,
Quand nous chantons tous deux?
LA MARQUISE.
Monsieur, si je vous quitte,
Vous chanterez bien mieux.
LE VICOMTE.
Eh bien, que vous en semble ?
Unissons nos deux voix,
Chantons, chantons ensemble :
C'est un moyen, je crois?
ENSEMBLE.
Chantons, chantons ensemble :
C'est un moyen, je crois.

LE VICOMTE, *prenant dans la musique qui est sur le piano, donne une partie à la marquise, et en garde une autre.*

C'est un morceau que je chante moi-même.
LA MARQUISE.
Il est charmant ; je l'aime de tout cœur.
LE VICOMTE, *voulant lui prendre la main.*
Ah! cet éloge est un bonheur suprême,

Ne pourriez-vous aimer un peu l'auteur?
LA MARQUISE, s'éloignant.
Eh bien, que vous en semble
Unissons nos deux voix...

ENSEMBLE.

Chantons, chantons ensemble.
LA MARQUISE.
Cela vaut mieux, je crois.
LE VICOMTE.
C'est un moyen, je crois!

PREMIER COUPLET.

LE VICOMTE, chantant sur le cahier.

Un soir, dans le bocage
Deux oiseaux, tour à tour,
Chantaient sous le feuillage
Le printemps et l'amour.
LA MARQUISE.
L'un célébrait les roses,
LE VICOMTE.
Et l'autre le plaisir.

ENSEMBLE.

N'étaient-ce pas deux choses
Bien faites pour s'unir?
LE VICOMTE, s'interrompant.
Eh bien, qu'en pensez-vous, madame
LA MARQUISE.
Vraiment, j'adore ce couplet.
LE VICOMTE, voulant lui prendre la main.
Hélas! touchera-t-il votre âme?
LA MARQUISE, s'éloignant.
Passons au second, s'il vous plaît.
LE VICOMTE.
Va donc pour le second couplet.
LA MARQUISE.
Oui, monsieur, s'il vous plaît.

DEUXIÈME COUPLET.

LA MARQUISE.

Mais survint un orage :
Ils s'enfuirent tous deux...
Plus de gentil ramage,
Et plus de chants joyeux !

LE VICOMTE.

L'un oublia les roses.

LA MARQUISE.

Et l'autre le plaisir.

ENSEMBLE.

Ne sont-ce pas deux choses
Qu'on ne peut désunir?

LE VICOMTE.

Eh bien, que vous en semble?
nissons nos deux voix :
Chantons, chantons ensemble,
Cela vaut mieux, je crois.

ENSEMBLE.

Chantons, chantons ensemble :
Cela vaut mieux, je crois.

LE VICOMTE.

N'imitons pas les oiseaux du bocage.

LA MARQUISE.

Mais, dans les bois, les oiseaux sont chez eux.

LE VICOMTE.

N'avez-vous pas ici même avantage ?
N'êtes-vous pas maîtresse de ces lieux ?

LA MARQUISE.

Mais, je ne suis que locataire
Et votre bail est trop bien fait.

LE VICOMTE, déchirant le bail.

En devenant propriétaire,
Vous détruisez tout son effet.

ENSEMBLE.

LE VICOMTE.

Déjà l'espérance

Entre dans mon cœur
Et je puis, d'avance,
Rêver le bonheur :
    LA MARQUISE.
Déjà l'espérance
Entre dans mon cœur
Et je puis, d'avance,
Rêver le bonheur ;
    LE VICOMTE.
Rien n'est plus doux que l'accord en ménage.
    LA MARQUISE.
Mais, seul pourtant, vous paraissez heureux.
    LE VICOMTE.
Comme l'amour, l'art veut qu'on le partage
C'est une fleur que l'on cultive à deux.
    LA MARQUISE, se rapprochant.
Cette fleur-là bientôt se fane :
Notre accord sera-t-il complet ?
    LE VICOMTE, lui prenant la main.
Moi baryton, et vous soprane,
C'est, entre nous, l'accord parfait !

    REPRISE DE L'ENSEMBLE.

    LE VICOMTE.
Enfin ! l'espérance
Entre dans mon cœur,
Et je puis, je pense,
Rêver le bonheur !
    LA MARQUISE.
Enfin ! l'espérance
Entre dans mon cœur,
Et je puis, je pense,
Rêver le bonheur !

    FIN DE L'ACCORD PARFAIT.

LA MORT DE SOCRATE

OPÉRA-COMIQUE EN UN ACTE

MUSIQUE DE HOCMELLE

Représenté pour la première fois à la salle Hertz.

PERSONNAGES

GASTON. . . . . MM. Monjauze.
LE MARQUIS DE BOISCIVRY. . . . . . Meillet.
RIGOLETTE . . . . Mme Meillet.

LA MORT DE SOCRATE

SCÈNE PREMIÈRE

GASTON, RIGOLETTE. Ils sont à table.

   ENSEMBLE, trinquant et frappant leurs verres.
Ding! ding! Buvons encore!
Ding! ding! Buvons toujours
Buvons, jusqu'à l'aurore.
A nos vieilles amours!
   GASTON, levant son verre.
Au passé que j'immole!
   RIGOLETTE, même jeu.
Au présent qui vaut mieux!
   GASTON.
Au serment qui s'envole!
   RIGOLETTE.
A l'avenir joyeux!
   REPRISE ENSEMBLE.
Ding! ding! Buvons encore!
   RIGOLETTE.
Au Château des Fleurs; à Mabille!
   GASTON.
A Cellarius! à Musard!
   RIGOLETTE.
Au parc d'Enghein! à Romainville!
   GASTON.
A Strauss, à Laborde, à Chicard!

RIGOLETTE

A nos amours, à leur histoire !
Aux souvenirs joyeux du cœur

GASTON.

Buvons, buvons à leur mémoire.

RIGOLETTE.

Et surtout à ceux du tailleur.

REPRISE DE L'ENSEMBLE.

Ding! ding! buvons encore.
Ding! ding! buvons toujours.

GASTON.

Ceci vous représente mon dernier déjeuner de garçon, ma dernière coupe de champagne d'homme libre, et le soleil couchant du célibataire.

RIGOLETTE, riant.

Ah! bah!...

GASTON.

Rigolette, ma chère, j'ai eu l'honneur de vous faire part de mon prochain hyménée... Oui, c'en est fait, je me marie !

RIGOLETTE.

Tarare ! C'est le douzième dont monsieur le comte Gaston de Boiscivry me fait part... J'y crois pas.

GASTON.

Celui-ci est un vrai, un sérieux, par-devant M. le maire d'un arrondissement trop réel ; c'est un véritable conjungo à grand orchestre, orné des grands parents, du suisse, du bedeau, et d'une fiancée en voile de point d'Angleterre, avec accompagnement de notaire et d'écus. Trois cents mille francs, de la candeur, peu de disposition pour le piano, un premier prix d'histoire et un accessit de géographie... Voilà pour le présent !... Des principes, de l'innocence et des ascendants malades... Voilà pour l'avenir !

RIGOLETTE.

Je bois à l'avenir !

GASTON.

Mon oncle, le marquis de Boiscivry, arrive aujourd'hui

même, pour conclure mon mariage avec sa fille, ma jolie cousine, et j'ai voulu dénouer gaiement les liens profanes, mais passagers, qui nous unissent... Comme Socrate, à sa dernière heure, je me suis entouré de mes plus doux souvenirs...

RIGOLETTE.

Avant d'avaler la ciguë matrimoniale!... (tendant son verre) je redemande de la ciguë... et à la santé de Socrate!

GASTON.

Aux sept sages de la Grèce! (Ils boivent.)

REPRISE DE L'ENSEMBLE.

Ding! ding! buvons encore.

(La porte s'ouvre, entre le marquis de Boiscivry.)

GASTON.

Mon oncle!

RIGOLETTE.

Les grands parents!

GASTON.

Quelle tuile!

RIGOLETTE.

Cheminée complète!

SCÈNE II.

LES MÊMES, LE MARQUIS.

TRIO.

GASTON.

Mon cher oncle!

RIGOLETTE, saluant.

Votre servante.

LE MARQUIS, à part.

Ah! que vois-je?... C'est une horreur!

GASTON.

La surprise est vraiment charmante.

RIGOLETTE.

Oh! oui, monsieur...

LE MARQUIS, à part.
    Quelle impudeur!

ENSEMBLE.

GASTON, à part.
    Quel air tragique!
    C'est authentique :
    L'instant critique
    Vient d'arriver !
    Ça se complique!
    Rien ne m'indique
    Un spécifique
    Pour me sauver.
RIGOLETTE, à part.
    Quel air tragique!
    C'est authentique :
    L'instant critique
    Est arrivé.
    Mais je me pique
    D'être énergique...
    Le spécifique,
    Je l'ai trouvé!
LE MARQUIS, à part.
    Oui, tout s'explique!
    C'est authentique :
    L'instant critique
    Est arrivé...
    Ah! tout l'indique,
    C'est un cynique,
    Un impudique,
    Un réprouvé!
GASTON.
Mon oncle, croyez bien...
LE MARQUIS.
    Laissez-moi : c'est infâme!
RIGOLETTE.
Mais, monsieur!
LE MARQUIS.
C'est trop fort!

GASTON.

Mon oncle...

RIGOLETTE.

Permettez!

LE MARQUIS.

Mais je n'ai pas l'honneur de connaître madame!

RIGOLETTE, à Gaston.

Eh bien, présentez-moi.

GASTON.

C'est vrai! Je l'oubliais...

Mon cher oncle.

RIGOLETTE, saluant.

Votre servante.

LE MARQUIS.

Ah! que vois-je? C'est une horreur,

GASTON.

Permettez que je vous présente...

RIGOLETTE.

Une parente...

LE MARQUIS.

Quelle impudeur!

REPRISE DE L'ENSEMBLE.

GASTON, à part.

Quel air tragique, etc.

RIGOLETTE, à part.

Quel air tragique, etc.

LE MARQUIS.

Oui, tout s'explique!
C'est authentique :
L'instant critique
Est arrivé...
Mais, chose unique!
Moi, je m'explique
Ce qu'on critique...
Je l'ai rêvé!

(Ironiquement.) Je ne vous fais pas de reproches, monsieur...

GASTON.

Vous allez comprendre...

RIGOLETTE.

Rien de plus simple...

LE MARQUIS.

Comment donc! Il est tout simple qu'à votre âge, on considère la vie sous un point de vue qui n'est pas le nôtre. La jeunesse d'aujourd'hui comprend les choses de telle façon, qu'il nous serait bien difficile de les voir comme elle; et il est tout naturel que nous lui quittions la place et la laissions faire. (Il va pour sortir.)

RIGOLETTE, à part.

Style de première classe.

GASTON.

Mais permettez que je vous explique...

RIGOLETTE.

Il n'y a rien de plus facile à concevoir, et lorsque Socrate...

LE MARQUIS.

Ce qui ne l'est pas, mademoiselle, c'est la présence ici de certaines personnes qui ignorent sans doute qu'il est des apparences qui donnent le droit de tout supposer.

RIGOLETTE.

Apparences! supposer!... En voilà des métaphores!

GASTON, à part.

Ça se complique!

LE MARQUIS.

Et vous croyez que moi, marquis de Boiscivry, allié aux Montchevreuil par les hommes, et aux Cornikoff par les femmes, je consentirai jamais!... Ah! monsieur!... monsieur le comte! 93 a fait bien du mal à la France; 1830 l'a bien matérialisée, et 1848 l'a fort aplatie!...

GASTON.

Je n'ai jamais prétendu le contraire!

RIGOLETTE, à part.

On parle politique!... Je m'abstiens. (Elle se prépare à allumer un cigare. — Haut au marquis.) Donnez-vous donc la peine de vous asseoir.

LE MARQUIS.

Ah! cette femme fume! où sommes-nous? voilà le fruit des révolutions. Une femme qui fume le cigare, comme un garde-française!

RIGOLETTE.

Certainement qu'on fume des cigares.

COUPLETS.

Vive le cigare!
Vive le tabac!
C'est, je le déclare,
Bon pour l'estomac!

PREMIER COUPLET.

C'est bien prouvé : Partout on fume ;
Rien n'est plus clair; c'est bien certain :
Votr' cheminé', quand on l'allume
Et votr' bougi', quand on l'éteint...
Pour rendre son champ plus fertile
Le fermier fume avant d' semer
Allez-vous-en dans la Sicile...
Et vous verrez l'Etna fumer!

DEUXIÈME COUPLET.

Tout fume ici-bas; c'est notoire :
Beaucoup mêm' fument sans tabac...
Je ne suis pas forte en histoire,
Mais je l'ai lu dans l'almanach :
A l'époqu' la plus reculée
Ce bel usage avait son cours,
Puisqu'après qu'Néron l'eut brûlée,
Rome fuma pendant quinz' jours!

Vive le cigare!
Vive le tabac!
C'est, je le déclare,
Bon pour l'estomac!

LE MARQUIS.

Où suis-je tombé, grand Dieu!... et la marquise qui est en bas dans la voiture.

GASTON.

Quoi! ma tante est là.

RIGOLETTE.

Ah! mon Dieu!... Laisser une femme aussi respectable à la porte! mais il faut aller la recevoir.

LE MARQUIS.

Gardez-vous en bien !... Elle ne vous pardonnerait jamais.

RIGOLETTE, à part.

Donc, lui, va pardonner!

GASTON.

Mon cher oncle, vous du moins, vous allez m'entendre, et je suis sûr que vous me trouverez moins coupable que je ne le semble.

RIGOLETTE.

Il n'y a rien de trompeur comme les apparences d'abord.

LA MARQUIS.

En effet... Je ne dis pas ; mais avoue qu'elles sont furieusement contre toi, les apparences... Je ne demande pas mieux que d'écouter tes raisons, mon cher; mais il n'en est pas moins fort désobligeant d'arriver là... au beau milieu d'une... d'un... Enfin... c'est fort désobligeant!

RIGOLETTE.

D'un quoi !... Linge blanc, vaisselle plate, service Potel, joyeux convives... Eh bien, après! vous étiez tombé au beau milieu d'un déjeuner honnête, puisqu'il y a une femme en train d'exhumer Socrate... un sage qui vous attendait pour avaler son verre de ciguë, et voilà !

LE MARQUIS.

En effet, je suis loin de... oui... je ne dis pas... Mais enfin on ne s'attend pas à ces surprises-là, quand on habite un vieux château à soixante et onze lieues de la capitale et que...

RIGOLETTE.

Et monsieur le marquis arrive de soixante et onze lieues? deux cent quatre-vingt-quatre kilomètres !

LE MARQUIS.

A l'instant même, en effet.

RIGOLETTE.

Alors, M. votre oncle n'a pas déjeuné, Gaston ?

LE MARQUIS, à part.

Gaston !... Elle l'appelle tout court ! (Haut.) C'est qu'en effet, je n'ai rien pris depuis hier soir.

RIGOLETTE.

Ce qui prouve que vous pourriez être à jeun !

GASTON, à part.

A quoi songe-t-elle ! (Bas à Rigolette.) Vous voulez le retenir.

RIGOLETTE, bas.

Parbleu ! (Haut.) Monsieur le marquis, je prépare votre couvert.

LE MARQUIS.

Y pensez-vous ?... Ça ne se peut pas ! (A part.) C'est que j'ai vraiment faim !

RIGOLETTE.

Pourquoi donc ?... Est-ce que ça vous empêchera de faire votre petit sermon ?... A table, on gronde bien mieux, et rien ne se digère comme la morale, entre la poire et le fromage.

LE MARQUIS.

Oh ! gronder... gronder !... Gaston sait bien que ce n'est pas mon usage.

RIGOLETTE, à part.

Ça m'a l'air d'une bonne pâte d'oncle. (Haut.) Allons, décidez-vous... et tenez, voici un fauteuil qui vous tend les bras, et un pâté qui vous ouvre son cœur.

LE MARQUIS.

Un pâté !... (A part.) Elle est drôlette la petite ! (Haut.) Mademoiselle, je vous dis...

GASTON.

Il reste encore de ce château-margaux ?

LE MARQUIS.

Du château-margaux ! (A part.) Juste, mon vin de prédilection !

GASTON.

Allons, cher oncle !

LE MARQUIS.

Malheureux! que dirait ta tante? (A part.) Le pâté a de la mine!

RIGOLETTE.

Est-ce qu'elle le saura?... Ce n'est pas nous qui irons le lui dire : ici, monsieur, l'hospitalité se donne et ne se vante jamais!

GASTON.

Allons, à table!

LE MARQUIS.

Au fait... après tout... mais deux bouchées seulement, et un demi-doigt de vin.

RIGOLETTE.

Convenu ! (Ils se mettent à table.)

LE MARQUIS, mettant sa serviette.

Pourvu que la marquise n'arrive pas!

RIGOLETTE, à part.

A-t-il horreur des marquises, ce marquis-là. (On sert le marquis.)

TRIO.

RIGOLETTE.
Ce pâté-là, marquis, semble vous plaire.

LE MARQUIS, mangeant.
Il est parfait, il est parfait!

GASTON, lui versant à boire.
Tant mieux, cher oncle!... Un doigt de ce madère

RIGOLETTE.
Un peu de croûte, s'il vous plaît.

LE MARQUIS, à part, buvant.
Si la marquise me voyait !

RIGOLETTE.
Dans votre temps, vous en valiez un autre.

LE MARQUIS, buvant.
On le disait, on le disait!

GASTON.
Et ce temps-là valait au moins le nôtre!

RIGOLETTE, versant.
Un doigt de bordeaux, s'il vous plaît.

LA MORT DE SOCRATE.

LE MARQUIS, à part, buvant.
Si la marquise me voyait.
GASTON.
Alors, vous étiez mousquetaire...
LE MARQUIS.
J'avais, mon cher, le diable au corps.
RIGOLETTE.
Moi, j'adore le militaire.
LE MARQUIS.
Il eût fallu me voir alors !
Je portais gaîment chapeau sur l'oreille
Épée au côté,
Collet argenté :
Auprès du beau sexe on faisait merveille
Et tous les maris
Jetaient les hauts cris;
Mais nous étions prompts à les faire taire
Et, mettions souvent
La flamberge au vent;
Nous percions le cœur de toute manière
Soit en combattant,
Soit en souriant.

ENSEMBLE.

LE MARQUIS.
Voilà le mousquetaire!
Temps d'ivresse et d'amour!
Nous savions battre et plaire
Et nous vainquions toujours!
RIGOLETTE ET GASTON.
Voilà le mousquetaire!
Temps d'ivresse et d'amour!
Vous saviez battre et plaire
Et vous vainquiez toujours.
RIGOLETTE, lui versant.
Goûtez, marquis, ce vin de la comète
LE MARQUIS, buvant.
Il est parfait ! il est parfait!

GASTON.

On a parlé de certaine soubrette?

RIGOLETTE.

Racontez-nous ça, s'il vous plaît.

LE MARQUIS, à part.

Si la marquise m'écoutait.

RIGOLETTE.

Je crois aussi que certaine baronne.

LE MARQUIS.

On le disait, on le disait.

GASTON.

On cite encor plus d'une autre personne.

RIGOLETTE.

Racontez-nous ça, s'il vous plaît.

LE MARQUIS.

Si la marquise m'entendait!

GASTON.

Alors, vous étiez mousquetaire?

LE MARQUIS.

J'avais, mon cher, le diable au corps!

RIGOLETTE.

Moi, j'adore le militaire!

LE MARQUIS.

Il eût fallu me voir alors!
Nous portions la poudre à la maréchale,
Nous jouions, mon cher,
Un vrai jeu d'enfer!
On se permettait un peu de scandale,
Et, si l'on criait,
On recommençait...
La cour et la ville étaient tributaires,
Et nous buvions sec
Sans craindre d'échec!...
Voilà ce qu'étaient les vrais mousquetaires,
Et c'était le temps
Où j'avais vingt ans.

ENSEMBLE.

LE MARQUIS.
Voilà le mousquetaire...
Temps d'ivresse et d'amours !
Nous savions battre et plaire
Et nous vainquions toujours !

RIGOLETTE ET GASTON.
Voilà le mousquetaire !
Temps d'ivresse et d'amours !
Vous saviez battre et plaire
Et vous vainquiez toujours.

GASTON.
Vous m'avez raconté l'histoire de certaine danseuse...

LE MARQUIS.
Veux-tu te taire ! (Faisant le sévère.) Ah çà ! au fait, tout ça ne m'explique pas ce qui se passe ici : il serait temps de te justifier.

RIGOLETTE.
Se justifier, de quoi ?

LE MARQUIS, qui a beaucoup bu.
En effet, de quoi ?... De quoi prétends-tu te justifier ?... Est-il étonnant !

RIGOLETTE, lui versant.
Un doigt de chambertin, cher marquis !

LE MARQUIS, à part.
Son cher marquis !... Elle est drôlette la petite !... Si la marquise entrait !

RIGOLETTE.
D'autres vous diraient : votre neveu vient de passer sa thèse, et il a invité à dîner la grand'mère de son professeur; ou bien, M. Gaston organise une société de bienfaisance et il essaie les comestibles à domicile, avec la présidente de l'œuvre...

LE MARQUIS.
Ah ! bah !...

RIGOLETTE, versant.
Château-margaux !... On conte ce genre de balivernes à

un imbécile, à un crétin d'oncle, comme on en a parfois sous la main; (elle lui tape sur l'épaule) mais à vous... à vous, glorieux débris d'un siècle galant et gracieux; à vous, type vivant des joyeux souvenirs de la régence... à vous, mousquetaire de Sa Majesté Henri IV ou Robert-le-Fort; à vous, qui comprenez le cœur humain en général, et le cœur de la jeunesse en sous-lieutenant, nous vous disons franchement et carrément : — Voici un jeune sage qui se marie demain; il a voulu dire adieu, adieu éternel aux folies du passé, et, pour mieux établir la sainteté de son serment, il a pris à témoin les compagnons fidèles de ses charmantes erreurs... Quoi de plus moral?

LE MARQUIS.

Parbleu !

RIGOLETTE.

Socrate mourant s'entourait de ses amis... moins son épouse. Aujourd'hui, quand un pécheur voit arriver sa dernière heure, il récapitule ses vieux péchés... C'est ce que fait Gaston. Il récapitule ; il a voulu examiner toutes ses fautes. S'il les a réunies autour de sa table... c'est sa confession générale et... (lui versant) il attend votre absolution... Voillllà!

GASTON.

C'est exact!

LE MARQUIS, buvant.

Juste comme moi! (A part.) Qu'est-ce que je dis là!

RIGOLETTE.

Bravo, marquis! (Versant.) Une larme de champagne.

LE MARQUIS, jetant sa serviette.

Ma foi! au fait, morbleu!... Est-ce que j'ai peur de la marquise, moi! Palsembleu! ventrebleu! A bas les marquises! Vive Socrate! Je suis Socrate!

COUPLET.

I

Socrate avait un bon principe :
C'était de vivre en vieux garçon ;
Il fut embêté par Xantippe,
D'après ce que dit Xénophon...

Sa femme était vieille et têtue,
La mienne aussi... J'en suis d'accord...
Ah! qu'on me verse la ciguë,
Puisque Xantippe vit encor!

(Il boit.)

I.

Il faut que jeunesse se passe,
Et l'on n'a pas toujours vingt ans ;
Après la rose vient la glace ;
Les fleurs et l'amour n'ont qu'un temps...
La vie est sitôt descendue,
Que s'arrêter est un grand tort.

(Il tend son verre.)

Ah! qu'on me verse la ciguë
Et que Socrate boive encor.

(Il boit.)

GASTON.

Voilà raisonner | Bravo !

LE MARQUIS.

Les mauvais sujets font les meilleurs maris, corbleu

RIGOLETTE.

Je réponds que votre neveu fera le modèle des époux !

LE MARQUIS.

Et pourvu que l'honneur soit sauf!

GASTON.

Oh! quant à cela !

LE MARQUIS.

Et qu'on ne fasse pas de dettes, tête-bleue !

GASTON, à part.

Hein!... Et moi qui ai quatre lettres de change !

RIGOLETTE, bas à Gaston.

Je m'en charge.

LE MARQUIS.

Ça, je ne le pardonnerais pas, foi de gentilhomme, morbleu !

RIGOLETTE.

Ni moi non plus !... Parce que les amourettes, ça passe ;

mais les dettes, ça reste... C'est comme les taches de rousseur!

LE MARQUIS.

Voilà des principes!

RIGOLETTE.

Et pour les fortifier, je vote pour que Gaston nous fasse du punch. (Bas à Gaston.) Laisse-nous seuls.

LE MARQUIS.

A la romaine !... Comme aux mousquetaires!

GASTON.

Je vais vous préparer cela moi-même.

RIGOLEETT.

Et moi, je garde la meilleure place : je tiens compagnie au cher marquis.

GASTON.

Je reviens dans cinq minutes. (Il sort.)

LE MARQUIS, à part.

A-t-elle des yeux limpides, cette petite !... Ça me rappelle mes printemps de Versailles et de Marly.

SCÈNE III.

RIGOLETTE, LE MARQUIS.

RIGOLETTE.

Eh bien, vrai, marquis! votre genre me va : il est de fait, qu'en votre printemps, comme vous dites, vous deviez être un Lovelace d'un certain numéro.

LE MARQUIS.

Palsembleu! très-chère... on valait ce qu'on valait... Et il n'eût pas fait bon se frotter à Hercule-Martial-Tancrède de Boiscivry !

RIGOLETTE.

Je vous crois sur parole.

LE MARQUIS.

Il me souvient, qu'un jour, comme en ce moment, on m'avait laissé seul avec les deux plus jolis yeux qui aient jamais lui sous paupières de femme ou de gazelle...

RIGOLETTE.

Allez, allez toujours... J'aime l'histoire ancienne. (A part.) Je te vois venir, vieux!

LE MARQUIS, s'approchant.

Vingt ans, teint de roses et de lis, lèvres de corail, cheveux d'ébène, dents de nacre, épaules d'ivoire, cou d'albâtre...

RIGOLETTE.

Ajoutez un peigne d'écaille... et ça fera une vraie pendule en marqueterie.

LE MARQUIS.

J'étais jeune, vif, fort entreprenant... J'entrepris... Et un baiser donné, puis repris à propos... (Il veut l'embrasser.)

RIGOLETTE, l'arrêtant.

Ah! mais une minute!...

LE MARQUIS.

Les minutes, cruelle, sont des siècles!

RIGOLETTE.

Ah! dame!... Écoutez donc... J'aime pas les hommes sévères...

LE MARQUIS.

Moi, sévère!... Ah! friponne, tu sais bien le contraire? (A part.) Tant pis! Je tutoie.

RIGOLETTE.

Vous ne comprenez pas les dettes... Vous ne feriez pas de folies pour la femme qui vous aimerait... Vous êtes un homme incomplet!

LE MARQUIS.

Mais j'ai passé ma jeunesse... et un peu mon âge mûr à signer des lettres de change, à rosser le guet et à dépister les huissiers... (S'approchant.) Ainsi donc, cara mia!...

RIGOLETTE, lui abandonnant sa main.

Vous m'en direz tant!

LE MARQUIS, baisant la main, à part.

Ah! c'est une conquête! Pourvu que la marquise...

RIGOLETTE.

Eh bien, j'ai confiance en vous, marquis... Oui, je sens que je vous aime assez pour vous ouvrir mon cœur!

LE MARQUIS.

Ouvrez, ouvrez, mon adorée! (A part.) Elle est à moi!

RIGOLETTE, à part.

Il est pincé! (Haut.) J'étais jeune, naïve et sans expérience : je rencontrai un homme que je pris pour un ami désintéressé...

LE MARQUIS.

Oh!... achevez...

RIGOLETTE.

Je n'oserai jamais.

LE MARQUIS.

Qu'arriva-t-il?

DUETTINO.

RIGOLETTE.
J'eus des malheurs ; j'étais forcée
De me créer des protecteurs.

LE MARQUIS.
Ah! je comprends votre pensée :
Les hommes sont tous des trompeurs!...

RIGOLETTE.
J'eus des malheurs!

LE MARQUIS.
Dites-moi tout, je vous en prie.

RIGOLETTE.
Marquis, voyez couler mes pleurs.

LE MARQUIS.
Ah! ventrebleu! je le parie,
Il abusa de vos terreurs.

RIGOLETTE.
J'eus des malheurs!

LE MARQUIS.
N'achevez pas ; c'est un infâme!
Ah! rien n'égale mes fureurs.

RIGOLETTE.
Hélas!

LE MARQUIS.
De sorte que, chère âme,

Vous eûtes un moment... d'erreurs.
####### RIGOLETTE.
J'eus des malheurs !

####### LE MARQUIS.
Ah ! si j'eusse été là !... Je lui eusse coupé les oreilles !
####### RIGOLETTE.
J'avais besoin d'argent, je signai... Et il a des titres, contre moi.
####### LE MARQUIS.
Un ami qui fait l'usure !
####### RIGOLETTE.
Il était de Francfort et s'appelait Isaac.
####### LE MARQUIS.
Et il s'agit de racheter ces titres? Je les aurai, à quelque prix que ce soit !... Et... à combien se montent... les... malheurs?
####### RIGOLETTE.
Sept mille cinq cents...
####### LE MARQUIS, à part.
Fichtre !
####### RIGOLETTE.
Plus les frais.
####### LE MARQUIS, à part.
Bigre !... (Haut.) Et... si j'arrangeais tout cela?...
####### RIGOLETTE.
Oh ! alors, je vous laisse à traduire le langage de ma reconnaissance ! Elle n'aurait pas de bornes.
####### LE MARQUIS, fouillant à sa poche.
De la reconnaissance! (Lui donnant un portefeuille.) Mais c'est moi seul qui en devrai, si vous voulez bien accepter ce petit souvenir qui contient huit billets de mille francs...
####### RIGOLETTE, prenant.
Je vous redois cinq cents francs; mais je n'ai pas de monnaie.
####### LE MARQUIS.
Ah! ma gratitude sera éternelle; et, s'il fallait le jurer à vos pieds !... (Il tombe à genoux ; Gaston paraît, portant un bol de punch.)

SCÈNE IV.

Les Mêmes, GASTON.

FINALE.

GASTON, entrant.

Que vois-je?

LE MARQUIS, se relevant.

Mon neveu!

GASTON, posant le bol.

Quoi! pendant mon absence!...

RIGOLETTE.

En attendant le punch, il me parlait de vous.

LE MARQUIS.

ne faut pas, mon cher, juger sur l'apparence :
Nous causions.

RIGOLETTE.

Sous Louis quinze, on causait à genoux!...

ENSEMBLE.

LE MARQUIS, à part.
J'admire la ruse !
C'est vraiment charmant !
La belle m'excuse:
Ah! c'est ravissant!

RIGOLETTE, à part.
Il croit que je ruse :
C'est vraiment charmant!
Et lui qui s'excuse :
Ah! c'est ravissant!

GASTON, à part.
Je comprends la ruse :
C'est vraiment charmant!
Et lui qui s'excuse :
Ah! c'est ravissant!

RIGOLETTE.
Les hommes de la grande époque,
Comme elle, ont gardé leur splendeur ;

Jamais vainement on n'invoque,
La voix qui vibre dans leur cœur.
LE MARQUIS, à part.
Que dit-elle?... je meurs de peur!
RIGOLETTE.
Gaston, quelques lettres de change
Troublaient, je crois, votre bonheur :
Et je dois dire, à sa louange,
Qu'il les acquitte, en grand seigneur!
LE MARQUIS, à part.
Elle le trompe sans pudeur!
GASTON.
Qu'entends-je?
LE MARQUIS.
Mon neveu...
GASTON.
Quoi! pendant mon absence!...
RIGOLETTE, lui remettant le portefeuille.
Voici huit mille francs qu'il me donnait pour vous.
LE MARQUIS.
Il ne faut pas, tu vois, juger sur l'apparence...
Je payais...
RIGOLETTE.
Sous Louis quinze, on payait à genoux!

REPRISE DE L'ENSEMBLE.

LE MARQUIS, à part.
J'admire la ruse!
C'est vraiment charmant!
La belle m'excuse :
Ah! c'est ravissant!
RIGOLETTE, à part.
Il croit que je ruse!
C'est vraiment charmant!
Et lui qui s'excuse :
Ah! c'est ravissant!
GASTON, à part.
Je comprends la ruse!
C'est vraiment charmant!

8.

Et lui qui s'excuse :
Ah! c'est ravissant!
GASTON.
Eh quoi! cher oncle... Ah! comment reconnaître!
Jamais assez mon cœur ne vous paiera.
LE MARQUIS, à part.
Est-il naïf! Il croit vraiment cela.
RIGOLETTE.
Tombez, Gaston, aux pieds de votre maître :
Il vous rendrait des points à ce jeu-là.
LE MARQUIS, à part.
Si la marquise arrivait là!
GASTON, versant du punch.
Pour nous prouver qu'il n'est pas si barbare,
Il va trinquer au passé qui s'en va.
LE MARQUIS, à part.
Et qui, demain, près d'elle renaîtra!
RIGOLETTE, lui donnant un cigare.
Il va fumer ce superbe cigare,
Qu'au feu du mien, certes, il allumera.
LE MARQUIS, à part, il fume.
Si la marquise arrivait là !
(Ils fument et trinquent.)
ENSEMBLE DE LA PREMIÈRE SCÈNE.
Ding! ding! buvons encore!
Ding! ding! buvons toujours!
Buvons jusqu'à l'aurore,
A nos folles amours!
GASTON.
Au passé que j'immole!
LE MARQUIS.
Au présent qui vaut mieux!
GASTON.
Au serment qui s'envole!
RIGOLETTE.
A l'avenir joyeux!
REPRISE DE L'ENSEMBLE.
Ding! ding! buvons encore!
Ding! ding! buvons toujours!

Buvons jusqu'à l'aurore,
A nos folles amours!
RIGOLETTE.
Ah çà! qui des deux est Socrate?
GASTON.
C'est moi! parbleu!
LE MARQUIS.
Non pas! c'est moi!
RIGOLETTE.
Tenez, je ne suis pas ingrate :
Vous l'êtes tous les deux, ma foi...
L'un se marie...
LE MARQUIS.
Ah! je m'en flatte!...
Mais l'autre reste...
RIGOLETTE.
Eh bien, d'accord...
Socrate est mort... vive Socrate!
(*Passant son bras à celui de Gaston.*)
Oui mon Socrate vit encor!
LE MARQUIS, à part.
Il croit cela : c'est un peu fort!

REPRISE DU PREMIER ENSEMBLE.
LE MARQUIS, à part.
J'admire la ruse :
C'est vraiment charmant!
La belle m'excuse :
Ah! c'est ravissant!
RIGOLETTE, à part.
Il croit que je ruse!
C'est vraiment charmant!
Et lui qui s'excuse!
Ah! c'est ravissant!
GASTON, à part.
Je comprends la ruse!
C'est vraiment charmant
Et lui qui s'excuse,
Ah! c'est ravissant!
(*Ils trinquent de nouveau.*)

ENSEMBLE DE LA PREMIÈRE SCÈNE.

 Ding! ding! buvons encore!
 Ding! ding! buvons toujours!
 Buvons jusqu'à l'aurore,
  A nos folles amours!

FIN DE LA MORT DE SOCRATE.

L'AMOUR A L'ÉPÉE

OPÉRA EN UN ACTE

MUSIQUE DE J.-B. WÉKERLIN

Représenté, pour la première fois, dans les salons de M. Benou, directeur du Vaudeville.

PERSONNAGES

LE COMTE DE SAINT-VALLIER. . . . . . MM. Biéval.
DUCANARD . . . . Bussine.
LÉONIDE DE MONTMAUR. . . . . Mlle Mira.

A Paris : salon de rédaction ; table chargée de journaux, etc.

L'AMOUR A L'ÉPÉE

SCÈNE PREMIÈRE.

DUCANARD, seul, portant des épreuves.

Enlevé le feuilleton !... Moi Pierre-Jérôme Ducanard, gérant officiel du journal *la Comète*, je déclare que je donnerais les cinq doigts de cette main, pour savoir écrire dans ce genre-là... Et quand on pense que c'est une femme qui produit tout ça !... Et quelle femme !... De l'esprit et du cœur, du style et des volants de point d'Angleterre !... Sont-ils heureux les rédacteurs de *la Comète* ! Pouvoir collaborer avec une nature pareille !... Et dire que je n'ai jamais pu arriver à insérer dans cette maudite feuille que je signe, autre chose que mon paraphe, avec les huit voyelles et consonnes de mon nom !... En moins de cinq minutes, ils vous brochent leurs deux colonnes... juste le double de la place Vendôme !... Ah ! c'est beau, le journalisme !...

COUPLET.

Guidant l'opinion publique,
Dans un journal universel,
On vous consulte en politique,
Comme un organe officiel :
C'est vous qui tressez les couronnes ;
Sans vous, vraiment pas de succès :
Ah ! qu'on est fier d'être Français,
Quand on a fait ses deux colonnes !

SCÈNE II.

DUCANARD, LÉONIDE.

LÉONIDE.

Ah! Bonjour, mon bon Ducanard.

DUCANARD.

Je présente tous mes hommages à madame Léonide de Montmaur, et je pensais précisément à elle... elle le plus spirituel de nos rédacteurs. (A part.) Dieu du ciel! est-elle jolie cet écrivain.

LÉONIDE.

Allons, allons, toujours mon grand admirateur! eh bien, tant mieux, j'aime la flatterie.

DUCANARD.

Je me suis laissé dire que les muses se nourrissaient de miel.

LÉONIDE.

Eh mais... il a de l'esprit, ce brave Ducanard.

DUCANARD.

Dame! ça se gagne comme les autres maladies, et si je savais écrire!... Ce n'est pas que je me suis laissé dire que ce n'est pas indispensable pour beaucoup de publicistes.

LÉONIDE, riant.

Il est original!

DUCANARD, à part.

A-t-elle des dents, ce feuilletonniste! (Haut.) Je tiens là l'épreuve de votre feuilleton sur l'exposition : comme c'est écrit... quel chic! quel brio! Il n'y a que cette blanche main, pour griffonner de si gracieuses pattes de mouches.

LÉONIDE.

Tant mieux donc!... Comme vous le dites, je suis un peu de la famille des abeilles qui courent de fleurs en fleurs, sans trop savoir ce qu'elles vont recueillir... A la fin, il se trouve qu'elles ont fait du miel... Si le mien est bon, je m'en réjouis pour votre ruche, mon cher gérant.

DUCANARD, à part.

Son cher gérant! Elle vous a des mots! (Haut.) A propos, madame, on m'a dit qu'il était venu un certain particulier qui a demandé deux fois à vous parler.

LÉONIDE.

A moi!

DUCANARD.

Au comte de Saint-Phar : c'est tout un, puisque vous avez adopté ce pseudonyme, pour signer vos charmantes critiques.

LÉONIDE.

C'est tout simple : je tiens qu'une femme d'esprit doit avoir la pudeur de son talent, quand elle en a. Tant de mes confrères portent des bas bleus, que je puis bien me permettre de porter un voile.

DUCANARD.

A travers lequel vous ne pouvez empêcher les perles de briller... Vous avez beau signer *Saint-Phar,* on lit toujours *Léonide de Montmaur.*

LÉONIDE.

J'espère qu'on n'a pas dit mon nom à ce monsieur!

DUCANARD.

Pas si premier Paris!... On l'a prié de repasser, puisque vous deviez venir, à midi, déjeuner chez le rédacteur en chef ; car c'est aujourd'hui, qu'à l'occasion de sa fête, M. Ducoudray traite toute la rédaction... (à part) excepté moi, le pleutre!

LÉONIDE.

Et je venais presque m'excuser auprès de sa femme : j'ai moi-même un rendez-vous indispensable.

DUCANARD.

Ah bah!... Un rendez-vous... d'affaires?

LÉONIDE.

A peu près : il s'agit de mariage.

DUCANARD.

Pas pour vous!

LÉONIDE.

Mais si!... Vous comprenez que, veuve à vingt ans...

9

DUCANARD.

C'est juste... (A part.) Mais, ça me fait de la peine !... Si j'avais su écrire, pourtant !

DUETTO.

DUCANARD.
Qu'il est heureux celui qui sut vous plaire!
LÉONIDE.
Me plaira-t-il?... Je ne l'ai jamais vu.
DUCANARD.
Quoi!... ce futur...
LÉONIDE.
    . Est encor un mystère ;
Jusqu'à présent, il ne m'est pas connu.
DUCANARD.
Pas connu!
LÉONIDE.
Pas connu.

ENSEMBLE.

DUCANARD, à part.
Sans se connaître,
Quoi! s'épouser!
Mon cœur peut-être
Devrait oser!

LÉONIDE, à part.
Sans le connaître,
Oui, l'épouser :
Ah! c'est peut-être
Beaucoup oser!

DUCANARD.
J'en sais plus d'un qui vous admire,
Et que, du moins, vous connaissez :
Ce que leur voix n'ose vous dire,
Vos yeux le comprennent assez.

LÉONIDE.
En fait d'amour, je suis myope;
Je ne vois rien que de très-près.

DUCANARD, à part.
Ah! si j'avais un télescope,
Comme je le lui prêterais!...
(Haut.)
Qu'il est heureux, s'il parvient à vous plaire!
LÉONIDE.
Nous le saurons, lorsque je l'aurai vu.
DUCANARD.
Quel âge a-t-il?
LÉONIDE.
C'est toujours un mystère :
Il m'est vraiment tout à fait inconnu.
DUCANARD.
Inconnu!
LÉONIDE.
Inconnu.

REPRISE DE L'ENSEMBLE.

DUCANARD, à part.
Sans se connaître,
Quoi! s'épouser!
Mon cœur peut-être
Devrait oser!
LÉONIDE, à part.
Sans le connaître,
Oui, l'épouser :
Ah! c'est peut-être
Beaucoup oser!

Après cela, tout ce mystère est fort naturel : mon futur est dans la diplomatie, et...
DUCANARD.
Ah! c'est un diplomate! Je me suis laissé dire...
LÉONIDE.
Que ces messieurs font des protocoles secrets en amour, et des ultimatums politiques avec le mariage; mais nous verrons bien : les femmes ont aussi leur diplomatie, et tous les Talleyrand ne sont pas en frac brodé... Ah! à propos,

vous avez là mon épreuve, dites-vous?... Donnez-la moi; je vais la corriger dans le cabinet du directeur... J'ai encore une heure à disposer, et s'il l'exige, je déjeunerai.

DUCANARD, lui remettant l'épreuve.

Oh! il l'exigera, n'en doutez pas. (A part.) Si on pouvait l'empêcher d'aller à son rendez-vous... d'affaires!

LÉONIDE.

Au revoir donc. Je regrette vivement que vous ne soyez pas des nôtres.

DUCANARD, à part.

Et moi donc!

LÉONIDE.

Mais, malheureusement, le gérant n'est pas de la rédaction... et pourtant, cela devrait être. (Elle sort.)

SCÈNE III.

DUCANARD, seul.

En voilà pourtant une qui me rend justice!... Pas partie de la rédaction!... Je signe le journal, et je n'en suis pas!... J'endosse un billet, et je n'en touche pas le montant : c'est curieux ça!

ARIETTE.

Qui donc s'oppose,
A ce que j'ose,
Écrire en prose
Dans leur journal?...
En suis-je indigne,
Puisque je signe
Aussi ma ligne
Tant bien que mal?...

Les abonnés sont des poissons d'eau douce!
Dont l'écrivain s'est fait l'adroit pêcheur :
A l'hameçon les prendre sans secousse,
C'est le secret de tout bon rédacteur...
Eux, quel que soit ce que leur plume signe,
Au bout du mois, ils touchent leur billet :

Je pourrais bien, moi, pêcher à la ligne,
Quand ils sont tous à pêcher au filet.

REPRISE.

Qui donc s'oppose,
A ce que j'ose,
Écrire en prose
Dans leur journal?
En suis-je indigne,
Puisque je signe
Aussi ma ligne
Tant bien que mal.

En attendant, c'est vrai qu'ils vont déjeuner sans moi... comme des égoïstes qu'ils sont!... et avec qui?... Ah! si j'avais su écrire!

SCÈNE IV.

DUCANARD, SAINT-VALLIER.

SAINT-VALLIER, entrant.

C'est à monsieur le rédacteur en chef que j'ai l'honneur de parler?

DUCANARD.

(A part.) Parbleu! pourquoi pas! au fait... (Haut, saluant.) C'est moi-même, monsieur. (A part.) D'autant que c'est presque vrai, après tout.

SAINT-VALLIER.

Je me nomme Gaston de Saint-Vallier, monsieur.

DUCANARD.

Veuillez donc vous asseoir, monsieur. (A part.) C'est toujours par là que débutent les grands hommes dans leur cabinet.

SAINT-VALLIER.

C'est inutile, monsieur; en deux mots, voici l'affaire : Je ne suis pas le moins du monde artiste; je suis peintre très-amateur, et je ne sais comment il s'est fait que je me suis laissé aller à exposer un assez mauvais tableau. Un de vos rédacteurs s'est permis de le critiquer, d'une façon assez cavalière, et je vous avoue que je ne suis pas d'humeur à me laisser bafouer comme un simple rapin, et je viens en demander raison à qui de droit.

DUCANARD.

(A part.) Fichtre !... Je débute mal ! (Haut.) Dame !... du moment qu'on a attaqué votre talent...

SAINT-VALLIER.

Il ne s'agit pas de talent : j'en fais bon marché ; mais on a parlé de ma personne, et je vous préviens que je ne le souffre pas !

DUCANARD.

Vous dites... le comte de Saint-Vallier ?... On peut vérifier.

SAINT-VALLIER.

J'ai pris un pseudonyme, et mon nom ne figure pas au livret : mais tous mes amis savent que c'est moi : l'offense n'en existe pas moins, et je veux une réparation.

DUCANARD.

(A part.) Ah çà !... mais !... (Haut) Donnez-vous donc la peine de vous asseoir.

SAINT-VALLIER.

Je ne veux pas m'asseoir !

DUCANARD, troublé.

Alors couvrez-vous... Seulement, je voudrais vous expliquer...

SAINT-VALLIER.

Je n'ai pas besoin d'explications ; je n'en donne que l'épée à la main. !

DUCANARD.

(A part.) Bigre !..., (Haut.) Veuillez donc vous asseoir, monsieur... J'avais l'honneur de vous dire...

SAINT-VALLIER.

Ah ! çà, est-ce que vous avez juré de me faire damner ? je demande l'adresse de celui qui a signé l'article : de M. de Saint-Phar !

DUCANARD.

Hein !... Saint-Phar ?... L'article est signé Saint-Phar ?

SAINT-VALLIER.

Mais certainement!

DUCANARD, riant.

Et vous venez pour?... (Il fait le geste d'un coup d'épée.)

SAINT-VALLIER.

J'y compte bien!

DUCANARD.

Alors, vous comptez sans votre hôte.

SAINT-VALLIER.

Comment!

DUCANARD.

Si Saint-Phar se bat jamais avec vous, je l'irai dire à Pondichéry! (A part.) C'est donc un duel de pseudonyme!

SAINT-VALLIER.

Oh! parbleu! je l'y forcerai bien!... Est-ce que par hasard ce Saint-Phar n'est pas homme à soutenir ce qu'il avance?

DUO.

DUCANARD.

Précisément, il n'est pas homme...

SAINT-VALLIER.

Par là, corbleu! nous verrons bien!

DUCANARD.

Mais permettez, vous saurez comme...

SAINT-VALLIER.

Il faut du sang, je n'entends rien.

DUCANARD.

Mais je vous dis.

SAINT-VALLIER.

Ah! c'est infâme!

DUCANARD.

Calmez, monsieur, votre fureur,

SAINT-VALLIER.

Cet homme-là n'est qu'une femme!

DUCANARD.

Enfin!... il comprend son erreur,

ENSEMBLE.

SAINT-VALLIER, à part.
C'est donc un vrai lâche,
Puisqu'il a si peur !
L'infâme se cache
Il manque de cœur !

DUCANARD, à part.
Pourvu qu'il me lâche !
Car, ma foi, j'ai peur ;
Il faut que je tâche
D'attendrir son cœur,

(A Saint-Vallier.)
Vous le voyez, à la fin tout s'explique ;
Il ne fallait qu'un peu de bon vouloir ;
Vous comprenez ce qu'est votre critique ;
Mais, cher monsieur, veuillez donc vous asseoir.

SAINT-VALLIER.
Je ne veux pas m'asseoir ! Allez au diable !
Ces vains propos ne sont pas de saison...
Eh bien, parbleu ! Vous étiez responsable,
C'est vous, monsieur, qui m'en rendrez raison !

DUCANARD.
Qui ! moi ?... grand Dieu ! quelle équipée !

SAINT-VALLIER.
Quelle est votre arme ?

DUCANARD, à part.
Il est charmant.

SAINT-VALLIER.
Le pistolet, ou bien l'épée ?

DUCANARD.
Ni l'un ni l'autre assurément !

REPRISE DE L'ENSEMBLE.

SAINT-VALLIER, à part.
C'est donc un vrai lâche,
Puisqu'il a si peur !
Il faut que je sache
S'il manque de cœur !

L'AMOUR A L'ÉPÉE.

DUCANARD, à part.

Pourvu qu'il me lâche.
Car, ma foi! j'ai peur
Il faut que je tâche
D'attendrir son cœur.

SAINT-VALLIER.

De sorte que, monsieur, si je vous comprends bien, ce M. Saint-Phar refuserait de se battre ?

DUCANARD.

Ne confondons pas. Je dis que c'est vous qui refuserez de vous battre avec lui.

SAINT-VALLIER.

Ah çà! vous badinez, je pense!

DUCANARD.

Pas le moins du monde... et j'ajoute que vous serez le premier à reculer.

SAINT-VALLIER.

C'est ce que nous allons voir!... Et, du diable maintenant, si je sors d'ici sans avoir obtenu satisfaction pleine et entière !

DUCANARD.

Veuillez donc vous asseoir.

SAINT-VALLIER, s'asseyant carrément.

Certainement que je veux m'asseoir!... Je vous préviens que je m'incruste à ce fauteuil et que j'y reste jusqu'à ce qu'on m'amène le Saint-Phar demandé.

DUCANARD.

Et moi, monsieur, je vais le prévenir de votre visite.

SAINT-VALLIER, se levant vivement.

Il est donc ici!

DUCANARD.

Vous allez le voir. (A part.) De cette façon j'empêche la belle Léonide d'aller à son rendez-vous d'affaires... Et, qui sait?... (Haut.) Veuillez donc vous asseoir. (Il sort.)

SCÈNE V.

SAINT-VALLIER, seul.

Oui!... nous allons voir!... Ah! diable! Et mon rendez-vous! Bah! un mariage ou un duel... c'est un... Une drôle d'idée qu'a là, mon cher oncle, de me marier avec une inconnue! mais la chose n'est pas faite.

AIR.

J'ai l'avenir et la jeunesse ;
Autour de moi tout est gaîté ;
Pourquoi risquer tant de richesse ?
Gardons, gardons ma liberté.

    Vivre avec soi-même,
    N'obéir qu'à soi,
    C'est le bien suprême,
    C'est jouir en roi !
    Pourquoi prendre femme
    Et se détrôner ?
    Bien fou, sur mon âme,
    Qui veut s'enchaîner!...
    Pourtant, dans mes songes,
    J'ai rêvé, je crois,
    Que de doux mensonges
    Me berçaient parfois,
    C'était un mirage
    Qui trompait mon cœur,
    Pourquoi l'esclavage,
    Quand j'ai le bonheur.

J'ai l'avenir et la jeunesse ;
Autour de moi. . . . . .
. . . .
. . . .

SCÈNE VI.

LÉONIDE, SAINT-VALLIER.

LÉONIDE.

Ah!... pardon, monsieur... Je pensais que le rédacteur en chef était encore là.

SAINT-VALLIER.

Il me quitte, à l'instant, fort heureusement.

LÉONIDE.

Fort heureusement!... L'adverbe n'est pas flatteur.

SAINT-VALLIER.

Mais, madame, c'est que... peut-être... Sa présence m'eût privé de... la vôtre.

LÉONIDE, saluant.

Monsieur... (A part.) Il est galant!

SAINT-VALLIER, à part.

C'est qu'elle est charmante! (Haut.) Étranger dans cette maison, je venais pour m'informer...

LÉONIDE.

Ah!... veuillez donc vous asseoir, je vous prie... Et moi qui ne songeais pas?

SAINT-VALLIER, à part.

Ah çà! c'est donc une épidémie! Ils ont le diable pour vous faire asseoir!... C'est la fauteuillomanie!... Ma foi! celle-ci est jolie... soit! (Il s'assied.)

LÉONIDE, montrant la table.

Vous avez là tous les journaux du jour : si vous voulez, en attendant...

SAINT-VALLIER.

Mille grâces, madame : je ne lis jamais de journaux.

LÉONIDE.

A mon tour, je dirai que... *fort heureusement,* tout le monde ne fait pas ainsi.

SAINT-VALLIER.

Je tiens que les journaux sont un peu comme les femmes... les femmes coquettes s'entend... Et je crois toujours... juste le contraire de ce qu'ils disent.

LÉONIDE.

Pourtant, monsieur, vous admettrez aussi que, de même qu'il se trouve des femmes qu'on peut croire, il se rencontre parfois des écrivains... qu'on peut lire!

SAINT-VALLIER.

J'en connais jusqu'à trois... que j'aurais bien du mal à citer.

LÉONIDE.

C'est spirituel, mais un peu paradoxal!

SAINT-VALLIER.

Mon Dieu! madame, j'ai l'habitude de la franchise, et, quoique diplomate...

LÉONIDE, vivement.

Monsieur est dans la diplomatie?

SAINT-VALLIER, se levant.

Pour vous servir, madame.

LÉONIDE, à part.

Il connaît peut-être mon futur. (Haut.) Et... de quelle ambassade, monsieur?

SAINT-VALLIER.

De Turin, madame.

LÉONIDE, à part.

Juste la chancellerie de mon futur inconnu! (Haut.) L'ambassade de Turin?... Mais je crois avoir rencontré dans le monde le secrétaire de cette légation.

SAINT-VALLIER.

Le marquis de Séchelles?

LÉONIDE.

Je ne sais... Son nom m'a échappé... pourtant, je crois bien que c'est cela.

SAINT-VALLIER.

Ce ne peut être que lui, car je ne pense pas que... (A part.) Si c'était moi, je ne l'aurais pas oublié.

DUO.

LÉONIDE.
Ne pourriez-vous me le dépeindre?

SAINT-VALLIER.
Excellent homme, en vérité!

L'AMOUR A L'ÉPÉE.

Il est, madame, à ne rien feindre,
Plein de talent et de bonté.

LÉONIDE.

C'est une rare qualité.

SAINT-VALLIER.

Il est grave, sans le paraître ;
Sans pédantisme il est instruit ;
C'est un bonheur de le connaître,
De prime abord il vous séduit.

LÉONIDE.

Oh ! c'est bien lui !

ENSEMBLE.

LÉONIDE, à part.

Si le portrait ressemble,
Mon futur est charmant :
D'où vient donc que je tremble
Pourtant, en ce moment ?

SAINT-VALLIER, à part.

Si son esprit ressemble
A cet air si charmant,
Je ne sais, mais je tremble
D'aimer, dans un moment.

LÉONIDE.

Mais quel est donc son âge !

SAINT-VALLIER.

Autant qu'il m'en souvienne,
En dix-huit cent quatorze on le citait déjà,
Car il se distingua dans le congrès de Vienne.

LÉONIDE.

En dix-huit cent quatorze !

SAINT-VALLIER.

On le citait déjà.

LÉONIDE, à part.

Ce n'est pas celui-là.

SAINT-VALLIER.

Est-ce bien celui-là ?

LÉONIDE.

Mais il n'est donc pas seul ?

SAINT-VALLIER.
Non : il a son confrère ;
Lui, réside à Turin, et l'autre il est ici,
C'est votre serviteur, en congé temporaire

LÉONIDE.
Il réside à Turin?

SAINT-VALLIER, saluant.
Et l'autre... le voici.

LÉONIDE, à part.
Mais c'est donc celui-ci ?

SAINT-VALLIER, à part.
Que n'est-ce celui-ci !

REPRISE DE L'ENSEMBLE.

LÉONIDE, à part.
Le hasard nous rassemble :
Mon futur est charmant ;
D'où vient donc que je tremble
Encor en le voyant?

SAINT-VALLIER, à part.
Si son esprit ressemble
A cet air si charmant ;
D'où vient donc que je tremble
Encor en la voyant?

LÉONIDE, s'asseyant.
De sorte que, monsieur, il n'y a, à l'ambassade, que deux secrétaires, M. le marquis de...

SAINT-VALLIER.
De Séchelles... oui, madame.

LÉONIDE, avec intention.
Et... M. le...

SAINT-VALLIER.
Le comte de Saint-Vallier, que j'ai l'honneur de vous présenter.

LÉONIDE, à part.
Ah! pourtant, je sais son nom... (Haut.) Mais alors, monsieur, j'ai... parfois entendu parler de vous chez le général d'Abancourt.

SAINT-VALLIER.

C'est mon oncle, madame, et, en me le rappelant, vous me donnez presque le droit de vous en vouloir beaucoup.

LÉONIDE.

Et pourquoi donc?

SAINT-VALLIER.

Parce qu'il est bientôt midi, et que, près de vous, il est tout naturel de savoir mauvais gré à qui vous fait souvenir qu'il faudra s'éloigner bientôt... Le général m'attend à midi et demi.

LÉONIDE, à part.

Et moi aussi! (Haut.) Le général est d'une exactitude militaire toute proverbiale.

SAINT-VALLIER.

Hélas!

LÉONIDE.

Comment, hélas?... C'est un gentilhomme parfait... dans le genre de votre collègue de Turin, et un rendez-vous chez lui n'a jamais attristé personne.

SAINT-VALLIER.

C'est vrai, madame, mon oncle a toujours eu la manie de me faire faire le contraire de ce qu'il a fait lui-même. Il a pris la carrière des armes, et m'a forcé à entrer dans la diplomatie, quand je rêvais un régiment de hussards. Il est resté garçon, et voilà qu'il veut me jeter dans les hasards du mariage, quand je m'endors dans les douces sécurités du célibat.

LÉONIDE.

Il veut vous marier!... Ah! voilà qui est affreux!

SAINT-VALLIER.

N'est-il pas vrai, madame?

LÉONIDE.

Comment donc!... Lui qui se vante de devoir toute sa verte gaieté à ces... sécurités dont vous parlez! mais c'est absolument l'histoire de Robinson dans son île, qui brûle les planches du radeau qui l'a sauvé du naufrage... Ah!

SAINT-VALLIER, à part.

Quel gracieux enjouement!

LÉONIDE.

Mais connaissant votre horreur pour les hasards des félicités conjugales, je ne vois pas trop que le futur instrument de votre supplice se prête aux barbares projets du général.

SAINT-VALLIER.

Mais ce futur instrument, je ne le connais pas; et il ne m'a jamais vu.

LÉONIDE.

Ah! mon Dieu! Mais votre oncle fait donc, du mariage, une partie de Colin-Maillard?

SAINT-VALLIER.

Sans crier casse-cou!... Il prétend qu'on doit toujours marcher à l'ennemi, sans s'informer ni du nombre, ni des forces... Mais j'ai mon plan.

LÉONIDE.

Ah! il y a un plan!

SAINT-VALLIER.

Une ruse de guerre... La diplomatie ne vit que de cela... Je vais droit à l'ennemi, à mon adversaire...

LÉONIDE.

A votre future...

SAINT-VALLIER.

C'est tout un... et là, en ma qualité de peintre amateur, je fais de moi le plus affreux portrait...

LÉONIDE.

Ah! vous peignez?

SAINT-VALLIER, se levant.

Ah! mon Dieu! c'est que c'est vrai!... et moi qui oubliais!...

LÉONIDE, se levant.

Mais qu'avez-vous donc? Vous m'avez effrayée... (A part.) Nous causions si bien!

SAINT-VALLIER, à part.

Si ma future ressemblait à celle-ci encore!

SCÈNE VII.

Les Mêmes, DUCANARD.

TRIO.

DUCANARD, entrant.

Eh bien, l'affaire est en bon train, je gage ?

SAINT-VALLIER.

En vérité, je l'oubliais déjà !

LÉONIDE, à part.

Connaîtrait-il aussi le mariage ?

DUCANARD, à part.

Il n'ont donc point parlé de leur combat ?...
(Haut à Léonide.)
Que pensez-vous de ce brave adversaire ?

LÉONIDE, bas à Ducanard.

Vous savez donc ?

DUCANARD, même jeu.

Il m'a tout dit.

LÉONIDE, à part.

Il a tout dit.

DUCANARD, bas à Saint-Vallier.

Vous avez pu l'apprécier, j'espère ?

SAINT-VALLIER, de même.

Elle est charmante.

DUCANARD.

Alors tout est fini ?

TOUS DEUX.

Tout est fini !

L'affaire est arrangée ?

SAINT-VALLIER.

Oh ! non pas, sur mon âme !
Je ne quitterai pas ainsi cette maison.

LÉONIDE.

Mais de quoi s'agit-il ?

SAINT-VALLIER.

De moins que rien, madame.

DUCANARD.

Au comte de Saint-Phar, il demande raison.

LÉONIDE, riant.

Au comte de Saint-Phar!

DUCANARD, riant.

Mais oui!

SAINT-VALLIER, bas à Ducanard.

Taisez-vous donc!

ENSEMBLE.

LÉONIDE, à part.

L'étrange aventure!...
Avoir pour rival
Sa propre future :
C'est original !
Il voudrait d'avance
Briser son lien :
Me tuer, je pense,
Est un bon moyen.

SAINT-VALLIER, à part.

L'étrange aventure!...
Au nom du rival,
Ici leur figure
Prend l'air jovial ;
Ils veulent d'avance
Me calmer : fort bien!
Mais c'est là, je pense,
Un mauvais moyen.

DUCANARD, à part.

La bonne aventure !
Un pareil rival!
Cela, je le jure,
Est original
Je le vois d'avance,
Tout finira bien :
En rire est, je pense,
Le meilleur moyen.

(A Léonide.)

Monsieur n'aime pas la critique...

LÉONIDE, riant
Très-bien! Je comprends... Ce Saint-Phar.
SAINT-VALLIER.
Il m'a, d'un ton fort satirique,
Drapé, dans un article d'art.
DUCANARD.
Alors, monsieur dans sa colère
Parle d'épée et de combats...
LÉONIDE.
Et pourquoi pas?
SAINT-VALLIER.
Et lui, prétend que l'adversaire,
Que Saint-Phar ne se battra pas.
LÉONIDE.
Et pourquoi pas!
DUCANARD.
Comment!...
LÉONIDE.
Apportez des épées.
DUCANARD.
Qui! moi!...
LÉONIDE, bas.
Silence! Obéissez.
(Haut.)
Prenez deux lames bien trempées.
DUCANARD.
Mais permettez...
LÉONIDE.
Ah! c'est assez!
SAINT-VALLIER.
Je vais donc voir cet adversaire!
DUCANARD.
Madame, il s'agit de combats!
LÉONIDE.
Et pourquoi pas?
SAINT-VALLIER, à part.
Du moins, elle comprend l'affaire.
DUCANARD.
Monsieur!... Vous ne vous battrez pas!

LÉONIDE.

Et pourquoi pas ?

REPRISE DE L'ENSEMBLE.

LÉONIDE, à part.

L'étrange aventure !
Avoir pour rival
Sa propre future :
C'est original !
Il voudrait d'avance
Briser son lien :
Me tuer, je pense,
Est un bon moyen,

SAINT-VALLIER, à part.

Au moins, l'aventure
Finira moins mal :
Je pourrai conclure
Avec mon rival :
Ils voulaient d'avance
Me calmer... fort bien !
Mais c'était, je pense,
Un mauvais moyen.

DUCANARD, à part.

L'horrible aventure !
Un pareil rival :
Cela, je vous jure,
Peut être fatal !
Je disais d'avance :
Tout finira bien ;
Mais voilà, je pense,
Un affreux moyen.

LÉONIDE.

Ainsi donc, mon brave Ducanard, vous avez entendu ? Monsieur se trouve insulté : on lui doit une réparation, et je réponds de M. de Saint-Phar.

SAINT-VALLIER, à part.

A la bonne heure ! Voici une femme qui a du cœur !

DUCANARD.

Mais ce n'est pas possible! Songez donc... Ça ne se serait jamais vu.

LÉONIDE.

Bah!... Un coup d'épée est si tôt donné...

DUCANARD.

Ou reçu!... Brrr! Ça fait froid, rien que d'y penser!

LÉONIDE.

Puis, qui sait si monsieur ne reculera pas?

SAINT-VALLIER.

Oh! madame...

DUCANARD.

C'est ce que j'ai dit! et j'ajoute qu'il devra des excuses.

SAINT-VALLIER.

Quant à vous, monsieur, vous commencez à m'échauffer considérablement les oreilles... tenez-vous-le pour déclaré!

DUCANARD, faisant un effort.

Eh bien, ça m'est égal! Soit!... Ce qui est dit est dit. J'ai une peur de diable; mais je me battrai plutôt... Laisser toucher une épée à une main qui... que... ça ne se peut pas! Ça n'est pas gai, je ne dis pas... Mais voilà!

LÉONIDE, à part.

Brave homme!

SAINT-VALLIER, à part.

Il perd la tête!

DUCANARD.

Je vas chercher les épées... Brrr!... (A part.) Si j'avais su écrire! (Il sort.)

SCÈNE VIII.

SAINT-VALLIER, LÉONIDE.

LÉONIDE.

Eh bien, monsieur, êtes-vous un peu calmé?

SAINT-VALLIER.

Mais très-calme, madame; seulement vous avouerez ..

LÉONIDE.

J'avoue que les homme sont bien méchants, et que si, nous autres femmes, faisions le quart de ce vous appelez vos belles actions, vous seriez les premiers à nous blâmer.

SAINT-VALLIER.

Comment, madame! prétendre qu'un adversaire me fera reculer?

LÉONIDE.

Mais quel est donc cet adversaire?

SAINT-VALLIER.

L'adversaire... A vrai dire, je ne le connais pas.

LÉONIDE.

Ah! bon!... Je vois ce que c'est : Vous traitez le duel comme le mariage, et à la façon du général marchant à l'ennemi. Vous faites, de tout cela, un problème d'algèbre, qui opère sur l'x et sur l'inconnu.

SAINT-VALLIER.

C'est vrai... Plaignez-moi donc, car, si je sors d'ici pour connaître une femme, dont on m'a dit tout le bien possible; j'avoue que, maintenant, je crains de la trouver moins parfaite, quand je la verrai pour la première fois.

LÉONIDE.

Et pourquoi donc?

SAINT-VALLIER.

C'est que ce que je vois me semble toujours préférable à ce que j'ignore, et que, même en algèbre, le terme connu a toujours fait, dans mon esprit, le plus grand tort à l'x.

LÉONIDE.

Cela prouve que vous n'êtes pas très-fort en mathématiques. Quant à moi, j'avoue, qu'en fait de mariage, l'imprévu ne me déplairait pas : il reste tant de découvertes à faire dans le cœur humain, qu'un voyage à travers les terres inconnues me séduirait assez. Je comprends Christophe Colomb, jusque dans ses naufrages.

SAINT-VALLIER.

Mais, madame, le naufrage en amour.... c'est la mort!

LÉONIDE.

Oh! oh! Est-ce que M. le comte de Saint-Vallier serait jaloux?

SAINT-VALLIER.

Non... A moins qu'on ne nomme jalousie, l'affection la plus sincère, le dévouement le plus inaltérable, voulant au moins être payés de retour.

LÉONIDE.

Bah!... Vous avez fait assez de diplomatie internationale, pour ne pas ignorer de quel côté viennent généralement les ruptures de traités. On sait que les hommes font, de l'amour, un fort léger roman, quand la femme en fait une sérieuse histoire; et encore, n'en crayonnez-vous qu'un court chapitre, là où nous en écrivons un long volume.

SAINT-VALLIER.

Pour moi, madame, je ne comprends pas ainsi la foi de ce que vous appelez les traités... A mes yeux, le mariage est chose douce et sainte; j'aimerais et voudrais être aimé; et, c'est pour cela, que je ne chargerai jamais le hasard du soin de mes bonheurs.

LÉONIDE, à part.

Cela promet un mari modèle!

SAINT-VALLIER, à part.

Elle est vraiment charmante!

LÉONIDE.

Mais, monsieur le peintre amateur, savez-vous que si vous vous montrez à votre future, sous d'aussi belles couleurs...

SAINT-VALLIER.

Oh! soyez tranquille!... Il n'y a qu'un instant, je n'avais que le projet de me défigurer; maintenant, je vous promets que je vais m'enlaidir : je me fais jaloux, inconstant, joueur, brutal, colère s'il le faut.

LÉONIDE.

Oh! quant à cela! colère... vous êtes au moins querelleur, et un coup d'épée, de temps en temps, ne vous déplaît pas.

SAINT-VALLIER.

Je ne suis rien moins que ce que vous pensez, et je vous jure que ce duel sera le premier.

LÉONIDE.

Ah!... Eh bien, pour ma part, je ne vous remercie pas d'avoir choisi M. de Saint-Phar, pour vos débuts.

SAINT-VALLIER.

Que dites-vous là!... Mais j'y pense : ce Saint-Phar, madame, c'est votre mari! Et moi qui n'y songeais pas!

LÉONIDE.

Monsieur, je suis veuve depuis deux ans.

SAINT-VALLIER.

Alors, c'est...

LÉONIDE.

C'est?... Que voulez-vous dire?

SAINT-VALLIER.

Mais... l'intérêt que vous semblez lui porter...

LÉONIDE.

Il est bien naturel.

SAINT-VALLIER.

Vous... le... voyez souvent?

LÉONIDE.

Nous ne nous quittons jamais.

SAINT-VALLIER.

Et vous avouez que vous l'aimez!

LÉONIDE.

Dame!... je crois bien que oui : c'est un défaut dont je ne puis me corriger.

SAINT-VALLIER.

Ah!... Vous voulez donc me le faire haïr encore plus!

AIR :

LÉONIDE.

Je puis l'aimer, parce qu'il m'aime,
Et que son cœur est mon appui;
Pour rester bien avec moi-même,
Je dois rester bien avec lui.

L'AMOUR A L'ÉPÉE.

Il dit tout haut ce que je pense,
Ce que je veux, il l'accomplit
Tous mes désirs, il les devance,
C'est un esclave, il obéit.
    Quand j'entrai dans la vie,
    Notre sort fut commun ;
    Toujours il m'a suivie
    Et nous ne faisons qu'un :
    Nous avons le même âge
    Et les mêmes bonheurs,
    Et, sans cesse, il partage
    Mon sourire et mes pleurs..
    Il n'est mari, ni frère :
    Il est bien plus encor,
    Car, unis sur la terre,
    Unis après la mort,
    Nous dormions, dès l'enfance,
    Dans le même berceau ;
    Nous dormirons, je pense,
    Dans le même tombeau...

De cet amour, pourquoi me faire un crime ?
Je ne crains pas qu'il devienne inconstant ;
En l'estimant, oui, c'est moi que j'estime :
Bien peu, monsieur, peuvent en dire autant !

    Je puis l'aimer, parce qu'il m'aime,
    Et que son cœur est mon appui :
    Pour rester bien avec moi-même,
    Je dois rester bien avec lui.

    SAINT-VALLIER, tristement.

Eh bien, madame, je vais vous prouver que je vaux mieux que vous ne paraissez le penser : en présence de l'intérêt si... tendre que vous portez à celui que je venais chercher, je me retire, désirant que vous ne gardiez, de cette trop courte entrevue, qu'un souvenir qui ne soit pas trop défavorable.

    LÉONIDE.

Je vous remercie de cette modération, monsieur ; elle me donne le droit de faire des vœux pour votre bonheur.

SAINT-VALLIER.

Le bonheur hélas! tient à bien peu de chose : ce matin, peut-être pouvais-je le rêver encore; maintenant que je m'éloigne, qui sait si je le retrouverai jamais!

LÉONIDE.

Que voulez-vous dire?

SAINT-VALLIER.

J'oublie le tort de celui que... vous aimez : permettez-moi de ne pas usurper ses droits; lui seul peut parler, quand moi je dois me taire... Seulement, madame, ce souvenir qui sera toujours si précieux à ma mémoire, permettez-moi de le rattacher à quelque chose... à un nom qui rayonnera dans la nuit de mon passé... Mon nom, je vous l'ai dit; me laisserez-vous partir sans prononcer le vôtre?

LÉONIDE.

Mon Dieu! monsieur, bien que ce nom vous soit probablement tout à fait inconnu, il me sera agréable que monsieur le comte de Saint-Vallier retrouve parfois, dans ses souvenirs le nom de la comtesse Léonide de Montmaur.

SAINT-VALLIER.

La comtesse de Montmaur! vous, madame!

LÉONIDE.

Moi-même, monsieur.

FINALE.

SAINT-VALLIER.

Mais c'est le nom de ma future!

LÉONIDE.

Vraiment!... Et c'est aussi le mien.

SAINT-VALLIER.

Madame, en êtes-vous bien sûre?

LÉONIDE.

Voilà vingt ans qu'il m'appartient.

ENSEMBLE.

SAINT-VALLIER, à part.

Douce ressemblance!
Séduisante erreur!

Voilà l'espérance
Qui naît dans mon cœur.
Ah! si c'est un rêve,
Il est plein d'appas;
Faites qu'il s'achève,
Ne m'éveillez pas!

LÉONIDE, à part.
Cette ressemblance!
N'est pas une erreur!
Et, cette espérance
Elle est dans mon cœur.
Tant mieux si le rêve,
A quelques appas!
Je veux qu'il s'achève,
Ne l'éveillons pas.

SAINT-VALLIER.
Oh! ne détruisez pas tout cet espoir qui brille :
Un mot!... Vous connaissez mon oncle, avez-vous dit?

LÉONIDE.
C'est un ami de ma famille;
Aujourd'hui même, il m'attend à midi.

SAINT-VALLIER.
C'est l'heure où je dois voir celle qu'on me destine.

LÉONIDE.
C'est l'heure où mon futur doit m'être présenté.

SAINT-VALLIER.
Mais ce futur, c'est moi!

LÉONIDE.
Fort bien!... Si je devine,
C'est le Colin-Maillard, par vous si redouté.

REPRISE DE L'ENSEMBLE.

SAINT-VALLIER, à part.
Douce ressemblance, etc.

LÉONIDE, à part.
Cette ressemblance, etc.

SAINT-VALLIER.
Mais ce Saint-Phar?

LÉONIDE.
Est-ce un obstacle?

SAINT-VALLIER.
Vous prétendez n'aimer que lui!
LÉONIDE.
Voilà justement le miracle :
Sans cesser de l'aimer, je puis aimer autrui.
SAINT-VALLIER.
Vous voulez donc sa mort ou la mienne aujourd'hui?
LÉONIDE.
Vous l'avez dit vous-même,
Vous n'êtes pas jaloux :
Qu'importe que je l'aime
En même temps que vous?
SAINT-VALLIER.
Que dites-vous, madame?
Vous êtes sans pitié :
Est-ce qu'un cœur de femme
Se donne par moitié?
LÉONIDE, gaiement.
Vous n'êtes pas colère,
Vous le disiez tantôt :
Vous le laisserez faire,
Sans murmurer un mot.
SAINT-VALLIER.
Que dites-vous, madame?
Pourrais-je, sans fureur,
Voir lâchement ma femme
Me partager son cœur?

REPRISE DE L'ENSEMBLE.

SAINT-VALLIER, à part.
Oublions d'avance,
Chassons cette erreur :
Voilà l'espérance
Qui sort de mon cœur.
Ah! ce charmant rêve
Avait trop d'appas :
Voilà qu'il s'achève,
Ne l'éveillons pas.

LÉONIDE, à part.
Je comprends d'avance,
Toute sa fureur :
Voilà l'espérance
Qui sort de son cœur.
Mais, pour lui, ce rêve
Garde ses appas;
Je veux qu'il s'achève,
Ne l'éveillons pas!

SCÈNE IX.

Le Mêmes, DUCANARD. Il apporte des épées.

DUCANARD, tremblant.
Les épées
Bien trempées,
Sont ici :
Plus d'entrave,
Je suis brave,
Me voici!

SAINT-VALLIER.
Enfin! voilà des armes,
Et je puis me venger!

DUCANARD, à Léonide.
Ah! soyez sans alarmes;
Je viens vous protéger.

SAINT-VALLIER.
Qui? vous, la protéger!

DUCANARD.
Oui, moi, la protéger.

LÉONIDE, à Ducanard.
Le moyen est extrême,
Il vous serait fatal ;
Saint-Phar saura lui-même,
Répondre à son rival.
(Elle prend une des épées.)
Les épées
Bien trempées,
Sont ici ;

Je suis brave,
Plus d'entrave :
Me voici!

DUCANARD.

Que faites-vous?

SAINT-VALLIER.

Vous plaisantez, madame.

LÉONIDE.

Et pourquoi donc?... J'accepte le cartel...
En garde!

DUCANARD.

Eh quoi!

SAINT-VALLIER.

Moi, combattre une femme!...

LÉONIDE.

Elle répond à votre appel.

SAINT-VALLIER.

A mon appel?

LÉONIDE et DUCANARD.

A votre appel.

ENSEMBLE.

SAINT-VALLIER, à part.

Je n'y puis rien comprendre,
On se moque de moi!
Tâchons de nous entendre
Et de savoir pourquoi.

LÉONIDE, à part.

Il n'y peut rien comprendre,
Et, vrai! je le conçoi :
Il faut pourtant s'entendr
Et qu'il sache pourquoi.

DUCANARD, à part.

Je n'ose le comprendre,
Et je suis plein d'effroi!
Il faut pourtant s'entendre
Et qu'il sache pourquoi.

SAINT-VALLIER.

Madame, expliquez-moi...

LÉONIDE.

C'est encor de l'algèbre

C'est le terme inconnu; c'est un *x* en retard.
DUCANARD.
Vous seul l'ignorez donc?... Madame est fort célèbre
Sous le nom emprunté de comte de Saint-Phar.
SAINT-VALLIER.
Le comte de Saint-Phar!
DUCANARD.
Qui drape ses amis dans des articles d'art.
SAINT-VALLIER.
Madame est donc Saint-Phar?
LÉONIDE.

En France, la loi tient la femme
En état de minorité;
Le Code est là qui lui réclame
Ses titres de propriété...
J'héritai d'un peu de génie;
C'est tout mon bien... Je l'ai placé
Sous la raison : Saint-Phar et compagnie...
Et maintenant, monsieur, vous êtes l'offensé.
(Se mettant en garde.)
Les épées, etc.
(Ducanard alterne ce chant en tremblant.)
SAINT-VALLIER.
Pardon, pardon, madame; oubliez mon injure!
DUCANARD.
Je vous l'avais bien dit : les excuses y sont.
SAINT-VALLIER, montrant son cœur.
De plus, sans coup férir, j'ai reçu ma blessure.
DUCANARD.
Veuillez donc vous asseoir, monsieur, je vous conjure.
SAINT-VALLIER.
Je sais, pour me guérir, un remède plus prompt.
LÉONIDE.
Êtes-vous sûr, monsieur, qu'il serait salutaire?
SAINT-VALLIER.
L'espérance déjà fait oublier mon mal.
LÉONIDE.
Dois-je croire, en effet, que vous êtes sincère?

DUCANARD, à part.
Du moins, j'ai fait manquer son rendez-vous d'affaires!
LÉONIDE, prenant le bras de Saint-Vallier.
Allons donc consulter tous deux le général.

ENSEMBLE.

SAINT-VALLIER.
Enfin! j'ai su comprendre!
J'ai le cœur plein d'émoi :
Nous pouvons nous entendre
Et sa main est à moi!

LÉONIDE.
Enfin, il sait comprendre!
J'ai le cœur plein d'émoi :
Nous pouvons nous entendre
Et sa main est à moi!

DUCANARD, à part.
J'ai bien peur de comprendre,
J'ai le cœur plein d'émoi :
A force de s'entendre
Elle n'est plus à moi!

FIN DE L'AMOUR A L'ÉPÉE.

LOIN DU BRUIT

PASTORALE DE SALON EN UN ACTE

MUSIQUE DE PAUL BERNARD

Représentée pour la première fois dans les salons du maëstro Rossini,

PERSONNAGES

BONAVENTURE, 45 ans. . . . . M. Sainte-Foy,
JEANNETTE, 18 ans. . . . . Mlle Mira.

A la campagne : Jardin, table et chaises rustiques, sous un berceau de chèvrefeuille.

LOIN DU BRUIT

SCÈNE PREMIÈRE.

BONAVENTURE, seul, en jaquette et pantoufles ratissant ses allées.

COUPLETS.

Ah! qu'on est bien à la campagne !
C'est ici que le cœur jouit ;
En ces lieux la paix m'accompagne,
Enfin ! me voici loin du bruit !

I

Foin de la capitale !
Paris est un enfer ;
C'est pourquoi je m'installe
Ici, depuis hier ;
Adieu, ville immorale
Où le cœur manque d'air ;
Sans regret je détale
Par le chemin de fer.
Ah ! qu'on est bien à la campagne !
C'est ici que le cœur jouit ;
En ces lieux la paix m'accompagne,
Enfin ! me voici loin du bruit !

I

Ici, plus de scandale
Et plus d'amis pervers ;

Plus de lâche cabale
Riant de vos revers.
Aussi, j'ai fait ma malle,
Et, pas plus tard qu'hier,
Sans regret je détale
Par le chemin de fer.

Ah ! qu'on est bien à la campagne !
C'est ici que le cœur jouit ;
En ces lieux la paix m'accompagne,
Enfin ! me voici loin du bruit !

Enfin ! Me voici donc revenu au berceau natal !... Dans ce petit hameau blotti sous les feuilles, sur les bords d'un paisible ruisseau, heureusement inconnu de tous les hydrographes de la carte de France ! Voilà les champs paternels, la maison paternelle, le verger dito, où la main idem planta jadis des pommiers de Normandie et des framboisiers de... je ne sais quel département. Je me trouve, en ce moment, dans le jardin où j'aurais pu gambader en venant au monde, si la nature n'avait condamné le roi de la création à attendre un âge plus avancé pour marcher sans lisières. Depuis hier, je suis là en extase... comme une bête, devant tous ces suaves souvenirs de mon enfance ; c'est là que la susdite main paternelle m'administra des taloches... où chacun sait ; il me semble entendre comme un écho du passé qui me transporte à quarante-cinq ans et demi vers ma source ; je suis heureux... que c'en est indécent !... Ah ! comme dit la romance : A tous les cœurs bien nés que la patrie... fait plaisir ! Et, quand je pense à tout ce qui a coulé d'eau sous le Pont-Neuf, depuis le jour où je partis, de ce modeste enclos, pour Paris ! J'avais dix ans... Non... si ! je dis bien : j'avais onze ans et demi, quatre francs cinquante dans ma poche, ma place payée... Je parle de ma place dans la rotonde de la diligence : celle qui m'attendait chez M. Andoche, épicier droguiste, rue des Lombards, ne l'était pas du tout ; mais j'avais la nourriture peu saine, sans être abondante, pas de profits, mais énormément de taloches... où chacun sait... C'est de là que, moi Sidoine-Hilarion Bo-

naventure, je suis parti pour épouser, au bout de quinze
années de cacao, la fille de la maison... (Avec attendrissement.)
Paméla ! Paméla !... Elle m'apporta en dot un cœur complétement neuf, et un magasin parfaitement achalandé;
elle fit le bonheur de mon existence et la fortune de mon
commerce... Enfin elle mourut... d'une rougeole rentrée...
Je ne veux pas renouveler mes regrets... que la terre lui
pèse agréablement... (Très-gaiement.) Si bien que me voici,
après trente-cinq ans et demi de denrées coloniales et trois
années de veuvage, revenu à mon point de départ, avec
douze bonnes mille livres de rente, un physique robuste, et
tout ce qu'il faut pour descendre gaiement le canal de la
vie champêtre : je m'installe ici, dans la maison paternelle
sus-mentionnée ; je la fais embellir, recrépir et agrandir;
ici, loin du bruit, j'arrose mes giroflées, je ratisse mes
allées ; je me plonge dans un bain de silencieuse solitude :
j'ai rompu avec la capitale ; j'ai pris jusqu'à une paysanne
d'ici pour me servir : une vraie photographie de la candeur
et de l'innocence ; je fais un pied de nez à Paris, et je lui
dis, avec Épaminondas fuyant Saint-Pétersbourg : « Ingrate
patrie, tu n'auras pas mes os ! » (Il se remet à ratisser.)

SCÈNE II.

BONAVENTURE, JEANNETTE.

DUO.

JEANNETTE, entrant.
Monsieur !... monsieur Bonaventure !
BONAVENTURE.
C'est toi, Jeannett' ! Que me veux-tu ?
JEANNETTE.
Ah ! c'est superb' ! je vous le jure :
Jamais ici ça n's'était vu !
BONAVENTURE.
Qu'est-c' que c'est donc qui n's'est pas vu ?
JEANNETTE.
Tout le village est dans la rue !

BONAVENTURE.
Quoi ! le village est dans la rue !
JEANNETTE.
Ils sont plus d' deux cents réunis !
BONAVENTURE.
Et pourquoi sont-ils réunis ?
JEANNETTE.
Pour célébrer votr' bienvenue.
BONAVENTURE.
Pour célébrer ma bienvenue !
JEANNETTE.
Et même, on tir' des coups de fusil.
BONAVENTURE.
On me reçoit à coups de fusil !

ENSEMBLE.

BONAVENTURE.
Ah ! c'est magnifique !
C'est un grand honneur !
Ici l'on m'applique.
Les droits du seigneur !
JEANNETTE.
Ah ! c'est magnifique !
C'est un grand honneur !
Et l'on vous applique
Les droits du seigneur !

L'magister du village
A fait un compliment
Ousque l'on vous présage
Tout' sorte d'agrément.
On dans'ra sur l'herbette,
On tir'ra des pétards :
Y a-z-un' clarinette
Qu'imite les canards !
BONAVENTURE.
Ces bons amis !... J'en pleur' de joie !
JEANNETTE.
Et moi, j'en ons l' cœur tout ému.

BONAVENTURE.
Dès mon retour on me festoie !
JEANNETTE.
Jamais ici ça n' s'était vu !
BONAVENTURE.
Eh quoi ! jamais ça n' s'était vu !
JEANNETTE.
Les gars, en habit de dimanche...
BONAVENTURE.
Ils sont en habit de dimanche ?
JEANNETTE.
En saluant, vont s'avancer.
BONAVENTURE.
En saluant vont s'avancer !
JEANNETTE.
Et tout's les fill's, en robe blanche...
BONAVENTURE.
Quoi !... Tout's les fill's, en robe blanche ?
JEANNETTE.
Devant vous s'en viendront passer.
BONAVENTURE.
Et j' pourrai les embrasser !

REPRISE DE L'ENSEMBLE.

BONAVENTURE.
Ah ! c'est magnifique ! etc.
JEANNETTE.
Ah ! c'est magnifique ! etc.

Oui, not' maître, c'est un coup-d'œil qui fait plaisir à voir !

BONAVENTURE.

Bons villageois !... Ah ! il y a des moments dans la vie où l'on n'est pas fâché d'être au monde !... Se sentir aimé, c'est agréable tout de même !

JEANNETTE.

J' crois ben que tout le monde vous aime déjà ! Vous avez un air si bonace.

BONAVENTURE.

Paris ! Paris !... qu'il y a loin de ces douces mœurs à ton égoût de la rue des Lombards !

JEANNETTE, tirant un bouquet de dessous son tablier.

Pardon, excuse, notr' maître; mais j'ons voulu être la première à vous offrir notre respect et bienvenue.

BONAVENTURE.

Quoi ! toi aussi, Jeannette !... Ah ! j'en repleure !

JEANNETTE.

ARIETTE.

Veuillez, d'une humeur bienveillante
R'cevoir mon petit compliment :
C'est un hommag' de votr' servante;
J' vous l'offr' respectueusement.
  C'est une rose
  A peine éclose
  Qui s'trouve ici
  Près d'un souci ;
  C'est, de moi-même
  Un pur emblème,
  Et le souci
  C'est l'vôtre aussi...
  Près d'ma jeunesse
  Votre vieillesse
  Tout à loisir
  Va reverdir ;
  C'est votr' servante
  Qui vous présente
  Ce p'tit bouquet
  Avec respect.
Veuillez, d'une humeur bienveillante, etc.

BONAVENTURE.

Charmant !... charmant !! Comme c'est tourné !... Est-ce délicat ! est-ce délicat ! ça l'est-il ! Jeannette, ma foi ! tant pis ! Faut que je t'embrasse. (Il l'embrasse.)

JEANNETTE.

C'est ben d' l'honneur, not' maître.

BONAVENTURE, l'embrassant de nouveau.

Et que je te rembrasse! (A part, mettant le bouquet à sa boutonnière.) Quelle pureté de mœurs! et quel naïf désintéressement! O Paris mercenaire! Ce n'est qu'aux champs qu'on trouve les simples!...

JEANNETTE, tendant la main.

N'oubliez pas le p'tit bouquet, not' maître.

BONAVENTURE.

Hein?

JEANNETTE.

Histoire de récompenser le respect... C'est la coutume d'ici.

BONAVENTURE.

Ah! c'est la coutume... c'est juste! c'est juste! (Tirant une pièce de sa poche.) Tiens, Jeannette, voilà pour toi : je vais recevoir ces bonnes gens.

JEANNETTE.

Vous n'y allez pas comme ça?

BONAVENTURE.

Comment, comme ça?

JEANNETTE.

Faut vous rajuster; mettre un habit, au moins.

BONAVENTURE.

Ah bah?... à la campagne...

JEANNETTE.

Ils ont ben mis leurs blouses de dimanche; faut leur faire le même honneur : Ah! monsieur, faut pas croire qu'au village on ne connaît pas les usages : on se requinque pour les cérémonies... c'est la coutume.

BONAVENTURE.

Diable! ça me chiffonne... Et moi qui croyais... Après ça, si c'est la coutume... je vas passer un habit... Toi, prépare mon déjeuner ici sous ce berceau de chèvrefeuille! (S'éloignant.) Ce n'est pas la rue des Lombards qui nourrit des chèvrefeuilles. (Haut, revenant.) Ah! Jeannette, une simple tasse de lait et quelques fruits... (S'éloignant, à part.) Enfin! je vais m'abreuver de véritable lait puisé à sa source!

JEANNETTE.

Ah ben oui! du lait!... y en pas cheu nous : on envoie tout à Paris, ousqu'on fabrique la crème...

BONAVENTURE.

Que m'apprends-tu là?... Et moi qui me faisais une fête...

JEANNETTE.

Dame! y aurait moyen : ça s'rait d'avoir une vache à vous.

BONAVENTURE.

C'est ma foi vrai! ça serait même gentil de se monter une petite basse-cour : des poulets, des canards, des dindons : nous serions-là comme en famille.

JEANNETTE.

Moi, j'demande pas mieux, not' maître : si ça vous fait plaisir, j'en serons ben aise itou...

BONAVENTURE, à part.

Quel dévouement! Le surcroît de travail ne l'effraie pas. Cherchez donc ça à Paris, dans les femmes de ménage de la rue des Lombards et lieux circonvoisins!

JEANNETTE.

Vu que la coutume est qu'à chaque bétail on augmente la fille de trois écus... Alors... vous comprenez...

BONAVENTURE.

Ah! la coutume... si c'est la coutume!...

JEANNETTE.

Dame! faut faire de l'herbe, mener à la prairie...

BONAVENTURE.

Mais c'est très-pastoral... dans la prairie fraîche et fleurie...

JEANNETTE.

Surveiller les veaux et les génisses.

BONAVENTURE.

Ça, c'est un détail!

JEANNETTE.

Trois fois par jour faut traire.

BONAVENTURE.

Ah! tu mets les choses au pis!

JEANNETTE.

Dame! ben sûr que je ne l'inventons pas! La traite, c'est

pas une petite affaire; surtout les vaches noires, qu'est mauvaises comme tout.

BONAVENTURE.

Ils font la traite des noirs!

JEANNETTE, à part.

Y n' sait donc rien, ce bourgeois!

BONAVENTURE.

Allons, allons; nous reparlerons de ça : je cours mettre un habit, et je vais au-devant de ces braves gens. (A part.) C'est égal : je ne me doutais pas qu'on manquât de lait à la campagne! (Il sort.)

SCÈNE III.

JEANNETTE, regardant ce qu'il lui a donné.

Cinquante centimes! dix sous!... Ah ben!... par exemple! En v'là un qui ne se ruinera pas!... Vieux grigou! L' magister m'a pris quinze sous pour faire mon compliment... V'là d' l'argent joliment placé, et, si ça continue, c'est pas comme ça que j'amasserons une dot pour épouser Thomas... C' pauvre chéri, y m'aimiont tant!... Même pas plus tard qu'avant-z-hier soir, y m' disait comme ça : — Drès que t'auras ramassé tes cent écus, j't'épouserons... pas-h-avant.

COUPLETS.

J' serons-t-y heureux dans not' ménage!
J'en ons l' cœur gai, rien qu' d'y penser :
Aussi, le jour de not' mariage,
On me verra, d' bon cœur, danser.

I

D' tous les gas du village
Thomas est le meilleur :
Il est simple, il est sage,
Jamais d' mauvaise humeur.
Pas jaloux l'moins du monde,
Il a le cœur content ;
Je n' craignons pas qu'il gronde
C'est un si bon enfant!

II

L'autre jour, à la danse,
L' beau Lucas, plein d'ardeur,
M' disait en confidence
Qu'il m'aimait d' tout son cœur...
Thomas, que rien n'agite,
Se montra complaisant :
Il s'éloigna ben vite :
C'est un si bon enfant !

III

Le soir, dans le bocage,
Je rencontrai Lucas ;
Un autre aurait fait rage :
Il ne se fâcha pas.
Lucas, histoire de rire,
M' prit un baiser vraiment...
Thomas n'osa rien dire
C'est un si bon enfant !
J' serons-t-y heureux dans notre ménage!
J'en ons l' cœur, etc.

SCÈNE IV.

BONAVENTURE, JEANNETTE.

BONAVENTURE, chargé de boîtes de fleurs; une couronne sur la tête; il est bouleversé. — A la cantonade.

C'est bien ! c'est bien ! (Descendant.) Que diable ! Ils font un vacarme à déraciner la colonne Vendôme! J'en ai le tympan détérioré : Piff! paff! Les fusils, les pétards, les fusées... et des vociférations dans un idiome incroyable, sans compter un tambour affecté d'un rhume incurable. J'ai cru que la cervelle allait me sauter... J'ai une bouteille de champagne dans la tête, bien sûr !... (Il ôte sa couronne et s'essuie le front.)

JEANNETTE.

En v'là des bouquets?... On dirait que vous venez d'faire la récolte des foins?

BONAVENTURE, déposant ses bouquets.

Merci! Mais ce qu'il y a de moins drôle, c'est que, pour faire ces foins, ils ont dévasté mon parterre... Plus un œillet!... Et moi qui avais transplanté ici tout le marché de la Madelaine : soixante-quinze francs quatre-vingts de fuchsias, de camellias, de dalhias, d'azaléas!... ah!...

JEANNETTE.

Dame! y a rien de trop beau pour vous offrir.

BONAVENTURE.

Et une pelouse toute neuve, semée de quinze jours : quatre kilos de gazon anglais achetés chez Vilmorin : ils dansent dessus avec leurs gros sabots, les anthropophages!

JEANNETTE.

Pour c' qui est d' ça, c'est la coutume.

BONAVENTURE.

Tu m'embêtes furieusement avec ta coutume!

JEANNETTE.

De quoi!... Comment vous dites?

BONAVENTURE.

Je dis que ça m'embête : le mot est dans Bescherelle.

JEANNETTE.

Ah! mais!... ah mais!... Dites donc, m'sieur... faut pas croire que parce qu'on est une simple domestique infortunée, on soit susceptible de recevoir des mots... Ah mais!... ah mais!...

BONAVENTURE.

Tu ne me comprends pas.

JEANNETTE.

J' sommes pas payée pour ça d'abord : c'est pas pour vingt écus de misérables gages que vous me donnez... et des cinquante centimes de profit : Dix sous! si c'est permis!

BONAVENTURE.

Allons, allons, calme-toi, Jeannette... que diable! c'est tout ce tintamarre qui me bouleverse.

JEANNETTE.

Ici, on ne rudoie pas le pauvre monde : c'est pas la coutume.

11.

BONAVENTURE, à part.

Elle y tient! (Haut.) Écoute... tiens : voici cent sous.

JEANNETTE, prenant.

Ah! not' maître, ben des remercis : j'avons pas dit ça, pour vous sustiliser.

BONAVENTURE.

Tu vas les porter à ces braves gens.

JEANNETTE.

Hein?

BONAVENTURE.

Tu leur diras que je suis ravi de leur réception; que je les remercie de tout mon cœur; et tu me les flanqueras vivement à la porte.

JEANNETTE.

Cent sous!

BONAVENTURE.

Ne faut-il pas récompenser leur démarche?

JEANNETTE.

Ah ben! pus souvent!... Vous dites vous-même qu'ils en ont déjà pour soixante-quinze francs quatre-vingts de fleurs.

BONAVENTURE.

Mais c'est moi qui les ai payées.

JEANNETTE.

Et qui qui les a cueillies? C'est t-y pas eusses?

BONAVENTURE.

Dans mon parterre, les gueux?

JEANNETTE.

Ous qu'ils les auraient prises, puisque le pays ne produit que des choux? On donne plus ici; c'est la coutume.

BONAVENTURE, à part.

O Bescherelle, éloigne-toi.

DUO.

JEANNETTE, à part.

Il m' fait la moue,
Le vieux hibou!

Ah! je l'avoue,
C'est un gripp' sou,
Un sapajou
Un vrai grigou !
Hou !

BONAVENTURE, à part.

Elle me joue :
Ma tête bout!
Oui, je l'avoue,
J'en deviens fou
Ah! dans quel trou
Ai-je le cou ?
Hou!

Tu vas leur porter ma monnaie.

JEANNETTE.

J' veux ben; mais vous voilà prév'nu
Quand j' vas la leur avoir donnée,
Dans le pays vous s'rez mal vu.

BONAVENTURE.

Bah! Je veux vivre avec moi-même ;
Qu'importe le qu'en dira-t-on?

JEANNETTE.

Chacun n' récolte que ce qu'il sème
C'est la coutum' dans le canton.

BONAVENTURE, avec impatience.

Eh bien, voici vingt francs, pour finir sans conteste.

JEANNETTE, prenant.

Ah! ça vaut mieux : y s'ront moins mécontents

BONAVENTURE.

Donn' leur en quinze, et puis garde le reste

JEANNETTE, retirant dix francs qu'elle empoche.

Quinze! à quoi bon?... C'est ben assez d' dix francs.

BONAVENTURE.

Comment ?

JEANNETTE, en prenant cinq autres.

Cent sous suffiraient, je le gage'

BONAVENTURE.

Mais tu disais?

JEANNETTE.
Faut pas gâter les gens.
BONAVENTURE,
Et la coutum' ?
JEANNETTE.
N'étant pas du village,
Vous n'ét's pas t'nu d' connaîtr' nos règlements.
BONAVENTURE, à part.
Douce innocenc', tu n'es qu'aux champs!
REPRISE DE L'ENSEMBLE.
JEANNETTE, à part,
Il m' fait la moue, etc.
BONAVENTURE. à part.
Elle me joue, etc.

JEANNETTE.
Soyez paisible, not' maître : j' vas arranger la chose; et, s'il vous arrive queuque désagrément, ça s'ra ben facile de vous en tirer : Avec des écus, on arrange tout au village. (A part.) J'vas aller tout bailler à Thomas. (Elle sort.)

SCÈNE V.

BONAVENTURE, seul.

C'est désagréable!... Mais, après tout, c'est la coutume : il ne faut pas fronder les usages... Pourtant, je m'étais plu à me figurer une peinture plus riante des bucoliques de notre XIXe siècle. Je m'étais laissé dire par M. de Florian que la paix n'habitait pas autre part que dans les communes rurales... Heureusement, tous ces braves gens m'adorent et me respectent. A leurs yeux, je suis un grand seigneur : ils viennent de me le protester dans un compliment, auquel je n'ai rien compris, mais qui est joliment calligraphié. (Il déploie une immense feuille de papier.) Comme c'est écrit!... (Il met ses lunettes et lit :) « A M. SIDOINE-HILARION BONAVENTURE... » Ils savent mes prénoms! Ce que c'est que l'illustration! (Lisant.) « HILARION BONAVENTURE, MARCHAND ÉPICIER EN RETRAITE... » Comment! ils ont mis ça! Marchand, moi!

marchand! J'étais bel et bien négociant... Épicier! ah! par exemple! je faisais dans les denrées coloniales; j'étais caporal de ma légion, assuré du *Phœnix*, et abonné au *Journal des Connaissances utiles!*... Épicier!... Ah çà, mais pour qui vais-je passer dans cette infâme localité! Je vas les attaquer en diffamation. Ah! mais... ah! mais!...

COUPLETS.

I

J' vendais du beurr', d' la castonnade,
Et d' la chandelle et des pruneaux,
Des confitur's, d' la marmelade,
Et des jambons vieux et nouveaux...
Je n' vois pas là, la moindre épice;
Autant prétendre, en vérité,
Que parc' qu'on vend du jus de réglisse,
On est médecin d' la faculté.

II

Avec les mots on jou' sans cesse;
C'est un abus fort criminel :
La grammair' partout se transgresse;
Que ne consulte-t-on Besch'rel'?...
Parc' que j' vendais de l'huile antique,
Suis-j' né pour ça parmi les Grecs?
Suis-j' de l'écol' polytechnique,
Parc' que j'étais dans les fruits secs?

SCÈNE VI.

BONAVENTURE, JEANNETTE.

JEANNETTE, un papier à la main.

Not' maîtr'! not' maîtr'... V'là une lettre que l' garde champêtre, qui vient d'paraître à la fenêtre, m'a fait promettre de vous remettre.

BONAVENTURE, prenant.

Une lettre du garde champêtre! Qu'est-ce que ce peut être? (A part.) Une communication officielle de l'autorité!...

Voilà qui devient plus flatteur ! (Haut, avec importance.) C'est bien, villageoise : je vais prendre connaissance de ce rescrit municipal... Vous êtes libre.

JEANNETTE.

Libre !... Quoi que c'est ça ?

BONAVENTURE.

Je vous autorise à vous éloigner.

JEANNETTE, revenant après quelques pas.

Ah ! dites donc, m'sieu, y a l'ménétrier qui demande à rafraîchir.

BONAVENTURE.

Rafraîchir, quoi ?

JEANNETTE.

Eh ben, soi-même donc : il lui revient sa bouteille : c'est la coutume.

BONAVENTURE.

(A part.) Elle m'agace les nerfs ! (Haut.) Eh bien, donne-lui une bouteille, et que ça finisse.

JEANNETTE.

Oùsque je la prendrai ?

BONAVENTURE.

Mais, il y a, dans la cuisine, quelques bouteilles de vin ordinaire, à côté du panier que j'ai déballé moi-même, hier en arrivant.

JEANNETTE.

Ah ben, oui !... L'panier, y a beau temps qu'il est sifflé.

BONAVENTURE.

Sifflé !... qu'entends-tu par ce vocable ?

JEANNETTE.

Pis qu'il était dedans la cuisine, c'était pour boire, pardine. Et ils ont bu.

BONAVENTURE.

Cinquante bouteilles de château-margaux !

JEANNETTE.

Y en avait-t-y cinquante ?

BONAVENTURE.

Mais malheureuse !... C'est du vin de la comète, qui me coûte les yeux de la tête !

JEANNETTE.

Pas possible!... C'est là le fameux vin de la comète?... Eh ben, m'sieu, elle vous a fait la queue, la comète : il ne tient pas du tout au gosier.

BONAVENTURE.

Elle en a bu aussi!!

JEANNETTE.

Dame! quand-h-on offre, faut trinquer, c'est la coutume.

BONAVENTURE.

Ah! c'est trop fort!

JEANNETTE.

Fort!... pas trop : Il a un p'tit goût qu'est pas désagriable.

BONAVENTURE.

Écoutez, Jeannette;... je me suis retiré dans ce champêtre asile, pour y trouver la paix, le calme et le silence... Voici douze heures et un quart que j'y respire, ou plutôt que je n'y respire pas, et je m'aperçois que toutes les charrettes de la rue des Lombards et lieux circonvoisins faisaient cent fois moins de tapage que le silence de cette paisible vallée. Je veux, à tout prix, vivre loin du bruit... Je vous réitère... et récidive, si besoin est, l'ordre... l'ordre, entendez-vous... de me flanquer tout ce monde à la porte... J'ai dit;... vous pouvez vous éloigner.

JEANNETTE.

Puisqu'ils ne veulent pas sortir.

BONAVENTURE.

Comment! Je ne suis plus maître dans mon propre local!

JEANNETTE.

Allez donc faire entendre raison à des gens qui sont à même de deux pièces de vin.

BONAVENTURE.

De deux pièces de vin!

JEANNETTE.

Pardine! Les barriques que vous avez amenées hier, et qui sont là, dedans la cour.

BONAVENTURE.

Ah! par exemple! qu'ils ne s'avisent pas d'y toucher : c'est ma provision.

JEANNETTE.

Bah?... fallait l'dire, m'sieu;... toutesfois et quantes que des barriques sont dedans une cour un jour de fête, c'est pour faire honneur à tout un chacun, et on les défonce : c'est la coutume.

BONAVENTURE.

Cinq hectolitres, quatre-vingt-cinq décilitres de bourgogne première qualité !

JEANNETTE.

Ah ! c'est justice à lui rendre : celui-là, il était gentillet.

BONAVENTURE.

Ils ont avalé cinquante bouteilles et deux pièces !

JEANNETTE.

Ah! pas si autruches! ils n'ont bu que ce qui était dedans.

BONAVENTURE.

Mais c'est donc un coupe-gorge, une forêt de Bondy, un cinquième acte de l'Ambigu, que ce hameau!... Jamais M. d'Ennery n'a inventé de pareilles infamies! c'est à se brûler toute espèce de cervelle!... mais nous allons voir. Je suis décidé à donner un grand exemple... Jeannette, je vous somme d'aller immédiatement me chercher la force publique : je veux être maître dans mon immeuble!

JEANNETTE.

On y va, on y va : faut pas vous ébouriffer. (Elle va pour sortir.)

BONAVENTURE, à part.

Les horreurs du siége de Puebla n'ont rien de comparable!

JEANNETTE, revenant.

M'sieu,... quoi que c'est la force publique ?

BONAVENTURE.

(A part.) O Bescherelle! (Haut.) La force publique, misérable fille des bois... à Paris, dans le tumulte de la grand'ville, c'est quatre hommes et un caporal... ici, loin du bruit, c'est le garde champêtre... Vous pouvez vaquer à vos travaux.

JEANNETTE.

Le garde champêtre! j'irai pas loin : il est là à boire

avec les autres... J'vas le convoquer... ça fait que vous lui baillerez vous-même réponse à son papier. (Elle sort.)

SCÈNE VII.

BONAVENTURE, seul.

Ah! je l'oubliais, cette lettre!... Aussi, il y a de quoi perdre le peu de tête qu'on possède!... Voyons ce qu'il a à me communiquer. (Il regarde le papier.) C'est sous bande, avec le cachet de la mairie. Serait-ce l'autorité locale qui m'inviterait à dîner?... Merci : je refuse... Je ne veux plus d'honneurs, je sors d'en prendre.

AIR.

Paisible solitude,
Véritable bonheur,
Sois ma béatitude
Et suffis à mon cœur.
Enseveli dans mon champêtre asile,
Fermant ma porte aux vains bruits du dehors,
Je veux couler l'existence facile
Qu'aux champs on trouve sans efforts...
Monsieur le maire
Aura beau faire :
Je le vénère
Et le révère
La chose est claire ;
Mais je préfère,
Pour me soustraire
A c' dignitaire,
L'envoyer faire
Lanlaire...
Dans la ru' des Lombards, j'rêvais à la campagne ;
Voilà, qu'à la campagne, j' rêv' la ru' des Lombards :
Qu'est-ce donc que la vie?... Une aride montagne,
Où jamais le soleil ne brille à vos regards :
On rêve, et l'on s'escrime,
On monte, on monte hélas!

Puis, quand on touch' la cime,
On voudrait être à bas...
Ah bah! c'est une farce que la vie :
Pour être heureux, faut être seul;
Il n'est qu'un bien digne d'envie...
C'est de s' draper dans son linceul !
Paisible solitude,
Véritable bonheur,
Sois ma béatitude
Et suffis à mon cœur !

Voyons ce que relate cette dépêche municipale. (Il ouvre et parcourt le papier.) Ah çà, mais quel diable de grimoire! (Il lit.) « L'an 1863, le 8ᵉ jour de septembre, à deux heures de relevée, nous Blaise-Polycarpe Rigollot, garde champêtre de la commune, dûment assermenté et revêtu de notre plaque, nous étant transporté de notre propre personne, sur l'ordre de M. le maire, empêché par son épouse légitime en mal d'enfant, avec sabre et chapeau à corne, qui nous a requis, avons constaté que le sieur Appollinaire-Hilarion Bonaventure, épicier en congé définitif. » — Le mot y est!... Ah çà, qu'est-ce qu'il a constaté? (Lisant.) « En congé définitif, a toléré, autorisé, provoqué et rémunéré le tir de pistolets, fusils, pétards et autres armes blanches, dans le for intérieur de la susdite commune sus-énoncée... crime prévu par les règlements de police municipale... En foi de quoi... » Ah çà, mais ça m'a tout à fait le costume d'un procès-verbal! Qu'est-ce qu'il veut donc ce sicaire de l'autorité? Comment! me voilà un argent provocateur à présent!... Je ne les ai pas plus invités à tirer leurs fusils qu'à tirer mon vin!... Ah ! c'est un peu fort de cacao, par exemple!... Nous allons voir; je vas le trouver, monsieur son maire, qui est sur le point d'être père. (Il va pour sortir.)

SCÈNE II.

BONAVENTURE, JEANNETTE.

JEANNETTE, accourant.

Au feu! au feu! m'sieu! m'sieu Bonaventure! Ah! mon Dieu! (Elle tombe sur un siége.)

BONAVENTURE.

Qu'y a-t-il donc? t'expliqueras-tu? Elle me fait frissonner?

JEANNETTE.

Il y a que les fusils et les pétards que vous avez fait tirer...

BONAVENTURE.

Qui!... moi! j'ai fait tirer!

JEANNETTE.

Ça a mis le feu : une vraie incendie!

BONAVENTURE.

Où ça?... dans le village.

JEANNETTE.

Non pas! heureusement!... c'est ici même : votre grange brûle.

BONAVENTURE.

Ah! mon Dieu! et ma récolte de foin!

JEANNETTE.

Nous allons tous mourir de faim!

BONAVENTURE.

Il ne manquait plus que ça! c'est le bouquet. Je vas organiser les secours. (Il va pour sortir.)

JEANNETTE, *l'arrêtant.*

Ne sortez pas! ne sortez pas, m'sieu!

BONAVENTURE.

Que je reste là, quand mon immeuble est la proie des flammes!

JEANNETTE.

Ils vous jetteraient dans le feu, m'sieu!... Il y a complot contre vous... n'y allez pas!

BONAVENTURE.

Un complot! est-elle folle? ou est-ce moi qui suis sous l'empire d'un cauchemar?

JEANNETTE.

Ils sont furieux! même qu'ils veulent vous tuer... et bien plus, vous demander des dommages-intérêts!...

BONAVENTURE.

Mais, qu'est-ce que j'ai fait, mille castonnades!

FINALE.

JEANNETTE.
Ici, tantôt, à c'te mêm' place,
On vous a vu qu' vous m'embrassiez.
BONAVENTURE.
Eh bien, quel mal à ça, de grâce?
JEANNETTE.
On a mêm' vu qu' vous r'commenciez.
BONAVENTURE.
Après?
JEANNETTE.
C'est ben assez, j' présume!
Thomas est là comme un furieux :
Il dit qu' ça n'est pas la coutume,
Et veut vous arracher les yeux!
BONAVENTURE.
Qui ça, Thomas?
JEANNETTE.
Mais c'est mon amoureux.

ENSEMBLE.

BONAVENTURE.
Voilà, sur mon âme,
Un affreux pays!
Vraiment, c'est infâme
Et je le maudis!
Je veux, au plus vite,
Fuir loin de céans :
A l'instant, je quitte
Le bonheur des champs.
JEANNETTE.
Voilà, sur mon âme,
C' que Thomas a dit :
Il cri' qu' c'est infâme
Et qu'il vous maudit!
Il faut, au plus vite,
L' calmer, c'est urgent;
Vous n'en s'rez pas quitte
Pour beaucoup d'argent.

BONAVENTURE.

Qu'on brûle ma maison avec ses dépendances ;
Ça m'est égal !... Jeannett', quand part le chemin d' fer.

JEANNETTE.

Et pourquoi fair' le chemin d' fer?

BONAVENTURE.

Je veux franchir les plus longues distances,
Et m'arracher à cet enfer!

JEANNETTE.

V'là qu' not' village est un enfer!

REPRISE.

BONAVENTURE.

Oui, je refais ma malle ;
Sans retard je détale
De cet affreux local!
Je veux que l'on m'empale.
Si jamais je m'installe
Dans un lieu si fatal!
Jamais la capitale,
Avec tout son scandale
Ne me fit tant de mal ;
Ici, je le signale
A quiconqu' se régale,
Du bonheur pastoral!

JEANNETTE.

Vous voulez donc quitter l' village?...
Ça n' se peut pas : c'est une horreur!

BONAVENTURE.

A l'instant mêm' je pli' bagage.

JEANNETTE.

Quand vous m'avez pris mon honneur !

BONAVENTURE.

Qui! moi?

JEANNETTE.

C'est pas un autr', j' présume ;
Lucas est là comme un furieux :
Il dit qu' ça n'est pas la coutume,
Et veut vous arracher les yeux!

BONAVENTURE.
Qui ça, Lucas?

JEANNETTE.
C'est mon s'cond amoureux.

REPRISE DE L'ENSEMBLE.

BONAVENTURE.
Voilà, sur mon âme,
Un affreux, etc.

JEANNETTE.
Voilà, sur mon âme,
C' que Lucas, etc.

BONAVENTURE.
Finissons-en, coûte que coûte;
Qu'exige-t-on? Arrangeons-nous.

JEANNETTE.
Dame! j' savons pas; mais, je m'en doute :
Thomas, mossieur, est si jaloux!

BONAVENTURE.
Cinquante francs,

JEANNETTE.
Il est colère!

BONAVENTURE.
Eh bien, cent francs.

JEANNETTE.
Il est si fort!
Tenez, mossieu, pour l' satisfaire,
Faut cent écus, ou vous êt's mort!

BONAVENTURE, à part.
Quoi! cent écus! c'est un peu fort!

JEANNETTE, à part.
Ça m' fera ma dot, en beaux louis d'or!

BONAVENTURE, tirant trois billets.
J'aime encor mieux faire ce sacrifice...
Ça m'est égal!... Tiens, voici trois cents francs.

JEANNETTE, prenant.
Merci, not' maîtr'!... Faut qu' Thomas s' radoucisse;
Oui, mais... Lucas!

BONAVENTURE.
Lucas!

JEANNETTE.
Il nous a vus.
BONAVENTURE.
Ah! mais alors, ça ne finira plus!...
Finissons-en, coûte que coûte :
Qu'exige-t-on?... Arrangeons-nous.
JEANNETTE.
Dame! j' savons pas; mais je m'en doute ;
Lucas, comm' l'autre est si jaloux !
BONAVENTURE.
Cinquante francs.
JEANNETTE.
Il est colère !
BONAVENTURE.
Eh bien, cent francs.
JEANNETTE.
Il est si fort!
Tenez, monsieur, pour l' satisfaire,
Faut cent écus... où vous êt's mort!
BONAVENTURE, à part.
Total : six cents!... c'est par trop fort !
JEANNETTE, à part.
Ça m' f'ra deux dots en beaux louis d'or !
BONAVENTURE, tirant trois autres billets.
Qu'on prenne ma fortune, avec ses dépendances...
Tiens... voici cent écus... Je cours au chemin d' fer.
JEANNETTE.
Et pourquoi fair' le chemin d' fer?
BONAVENTURE.
Je veux franchir les plus longues distances
Et m'arracher à cet enfer!
JEANNETTE, lui barrant le passage.
Et mes huit jours?... faut m' les payerr!

BONAVENTURE.

REPRISE.

Oui, je refais ma malle;
Sans retard, je détale
De cet affreux, etc.

ENSEMBLE.

BONAVENTURE.
Douce innocence du village,
  Tu m'as séduit :
Et j' vais sur un autre rivage,
  Plus loin du bruit.

JEANNETTE.
Il a boul'versé le village,
  Et v'là qu'il fuit !
Partez, monsieur, et bon voyage :
  Fait's pas tant de bruit,

(Bonaventure sort par la droite et Jeannette par la gauche.)

FIN DE LOIN DU BRUIT.

LE CAPITAINE ROCH

OPÉRETTE EN UN ACTE

MUSIQUE DE GEORGES PFEIFFER

Représentée, pour la première fois, à la salle Pleyel.

PERSONNAGES

ROCH, capitaine en retraite. . . . .   MM. GÉRALDY.
ERNEST DE MAREUIL, officier de chasseurs.   BIÉVAL.
BERTHE, petite-fille de Roch. . . . . .   Mlle BARETTI.

A la campagne, au château du capitaine Roch. — Salon donnant sur le parc.

LE CAPITAINE ROCH

SCÈNE PREMIÈRE.

ROCH, seul.

Corbleu ! vive la jeunesse !... C'est étonnant comme une jeune fille qui gazouille dans une maison vous change tout à coup un intérieur... Depuis bientôt quinze ans que j'ai mis au clou mes épaulettes de capitaine, je crois que voici le premier jour où le soleil passe par cette fenêtre. Il me semble que je suis rajeuni de tout mon passé, et il me prend des envies de chanter et de danser, comme quand j'étais encore simple sous-lieutenant... et tout cela parce que un frais minois de dix-sept ans vient sourire à mes vieilles moustaches grises !... C'est que ma Berthe est charmante !... Arrivée depuis quelques jours de son pensionnat de Paris, la voici rentrée au bercail, et avec elle toute la joie qui en était partie : ce sont des roses effeuillées sur ma neige... Pauvre orpheline que j'ai élevée, elle n'a plus que moi pour l'aimer, et c'est une consigne que le vieux capitaine Roch n'aura pas de peine à exécuter ; aussi je veux lui rendre la vie douce, varier ses plaisirs, et ne pas trop lui faire détester la maison de son grand-père.

COUPLETS.

1

Je veux d'abord, pour la distraire,
Lui raconter tous mes exploits ;
Elle lira mon journal militaire ;
Nous parlerons des grands jours d'autrefois ;

De temps en temps, si je suis triste,
Ses yeux feront briller les miens.
Je ne dois pas me montrer égoïste,
Tous mes bonheurs seront les siens.

II

J'aime le calme et la retraite ;
Elle aimera mon coin du feu ;
Là, chaque soir, ensemble en tête-à-tête,
Elle fera mon piquet, noble jeu !...
Pour être heureux rien ne résiste
A l'emploi de pareils moyens...
Je ne veux pas me montrer égoïste
Tous mes bonheurs seront les siens.

Voilà comme je comprends la vie, corbleu !... Oui, mais, mon vieux camarade, tu as près de soixante ans ; ton cœur a des chevrons, et elle !... Ah bah !... c'est la candeur et l'innocence mêmes : élevée au couvent, elle n'a aucune idée des plaisirs du monde, et elle va se trouver ici comme le poisson dans l'eau... Ah !... la voici... toujours chantant comme la fauvette.

SCÈNE II.

ROCH, BERTHE.

DUETTO.

BERTHE, dans la coulisse.

Allez cueillir les roses,
Beaux amoureux de dix-huit ans :
Avant ce soir, à peine écloses,
Elles mourront dans leur printemps.
Allez cueillir les roses,
Beaux amoureux, il en est temps.

(Elle entre.)

Bonjour grand-père.

ROCH.

Eh ? chère fille,

Embrasse-moi !

LE CAPITAINE ROCH.

BERTHE, *l'embrassant.*

   De tout mon cœur !

ROCH.

Dans tes beaux yeux la gaîté brille.

BERTHE.

Je le crois bien! c'est signe de bonheur.

   ENSEMBLE.

  BERTHE.

 Près de ce qu'on aime
 Couler d'heureux jours,
 C'est le bien suprême ;
 Qu'il dure toujours !
 Je le sens d'avance,
 Voilà le bonheur
 Et c'est l'espérance !
 Qui rend gai mon cœur.

  ROCH.

 Près de ce qu'on aime
 Couler d'heureux jours,
 C'est le bien suprême,
 Qu'il dure toujours !
 Je le sens d'avance,
 Voilà le bonheur.
 Et c'est l'espérance
 Qui rend gai son cœur.

ROCH.

Ma chère enfant, pense toujours de même ;
Le cœur parfois change de sentiment.

BERTHE.

Qui, moi changer ?... Vous savez bien vous-même
Que je ne peux vivre qu'en vous aimant.

ROCH.

 C'est que souvent dans le jeune âge
 On a rêvé d'autres amours ;
 Car la jeunesse est un bocage
 Où les oiseaux chantent toujours.
 Ils ont des airs pleins de tendresse ;
 Leur voix vous dit : « Imitez-nous ;

Voyez, nous nous aimons sans cesse ;
Dans le printemps l'amour est doux!... »
BERTHE.
C'est vrai, grand-père!
ROCH.
Eh quoi! ma fille,
Tu dis comme eux?...
BERTHE.
De tout mon cœur!
ROCH.
Et, dans tes yeux ta gaîté brille!
BERTHE.
Certainement!... C'est signe de bonheur.

REPRISE DE L'ENSEMBLE.

BERTHE.
Près de ce qu'on aime, etc.
ROCH.
Si c'est moi qu'elle aime! etc.

C'est que j'en parle par expérience, vois-tu... Quand j'étais en Afrique, j'ai rencontré à Blida une jeune fille de ton âge, qui... que... (A part.) Que diable vais-je dire là!
BERTHE.
Et... cette jeune fille, grand-père ?...
ROCH.
Dame! le capitaine Roch avait vingt-cinq ans, des moustaches brunes et de l'ardeur; on n'était pas mal tourné de sa personne, et... enfin... tu conçois...
BERTHE.
Non, grand-père.
ROCH.
C'est juste!... Eh bien, qu'il te suffise de savoir, mon enfant, qu'une jeune fille doit toujours veiller sur son cœur, et qu'en Europe comme en Afrique, l'amour est un jeune voltigeur qui ne demande qu'à changer de garnison.
BERTHE.
On ne nous a jamais dit cela au pensionnat.

ROCH.

Parbleu!... au reste, je suis là pour monter la garde, et sois tranquille, je ferai bonne faction; gare aux maraudeurs: on ne passe pas! Le capitaine Roch est inflexible comme son nom... Ça me rappelle que quand j'étais en Afrique, j'ai trouvé à Constantine... (A part.) Allons, bon!... j'oublie toujours que l'enfant est rentrée de pension. (Haut.) Qu'est-ce que tu tiens-là?...

BERTHE.

C'est le facteur qui vient d'apporter ce paquet.

ROCH.

Ah! ce sont les journaux... nous allons les lire ensemble: il n'y a rien de tel pour former la jeunesse... Quand j'étais en Afrique... Tiens! une lettre! d'où vient-elle, et qui peut m'écrire?...

BERTHE.

Elle est timbrée de Paris, grand-père.

ROCH.

Je ne connais pas cette écriture-là... Voyons. (Il lit.) « Mon vieux Roch, le régiment quitte Paris et passera dans ton village où il s'arrêtera vingt-quatre heures; je n'ai que le temps de t'annoncer qu'après quinze ans de séparation, nous pourrons nous serrer la main et tâcher de reconnaître nos vieilles moustaches, qui ont dû diantrement changer depuis leur dernière entrevue en Afrique; samedi prochain, à moins d'accident, j'irai te raconter mes victoires et conquêtes en vidant pas mal de flacons à la santé de nos pauvres souvenirs, qui commencent à avoir quelques années de bouteille... Ton vieux camarade... Mareuil, colonel du 5ᵉ chasseurs. »

BERTHE, vivement.

Mareuil!

ROCH.

Mon meilleur amis; nous étions capitaines de la même promotion, et le voici colonel!... Ah! dame! il a eu la patience d'attendre... La graine d'épinards, ça lève lentement... Si j'étais resté en Afrique, il y fait chaud, et la chose y pousse plus vite.

BERTHE, à part.

Son régiment!

ROCH.

Samedi!... mais c'est aujourd'hui... L'avant-garde doit être arrivée ; vite, préparons-nous; il s'agit d'une réception flambante : un frère d'armes! un Africain!... sacrebleu! ça me ragaillardit... Allons-nous en raconter!

BERTHE, à part.

Il serait ici!

ROCH.

Berthe, mon enfant, il faut se montrer; je vais donner les ordres. De ton côté, prépare-toi; je veux que tu séduises le cher colonel : un vieux de la vieille, orné de la plus magnifique balafre... un coup d'yatagan qui m'était adressé; mais il se mit en travers et reçut le coup : il a toujours été ambitieux... Mets-toi en grand uniforme, ventrebleu! prête à passer la parade. Ah! on lui fera voir que, si on n'est plus en activité, on commande encore des troupes assez fraîches... Je vais passer la revue de la cave; toi, fais manœuvrer la salle à manger; je te nomme mon chef d'état-major.

BERTHE.

Oui, grand-père.

ROCH, à lui-même.

Quinze ans d'absence!... pourvu que je le reconnaisse!... Il doit être furieusement changé... et moi aussi! (Il sort.)

SCÈNE III.

BERTHE, seule.

Lui ici!... Car je n'en puis douter : il est capitaine dans le régiment dont son oncle est colonel. C'est bien ce que m'a souvent répété sa sœur, mon amie de pension, et, quand il venait la voir au parloir, comme le hasard me faisait toujours trouver près d'elle, il le disait lui-même... Je ne sais pourquoi son arrivée me fait peur et plaisir tout à la fois... Peur! pourquoi donc?... Il était si bon, si gai, si aimable.. et puis, c'est un charmant cavalier... Et cette folle de Jeanne qui me disait sans cesse qu'elle me marierait avec son frère!... comme si l'on s'épousait sans s'aimer... et.... certainement, je ne l'aime pas plus qu'il ne m'aime... Si cela était, je le saurais bien peut-être.

ROMANCE.

I

Il me disait que mon sourire,
Charmait son cœur comme ses yeux ;
Qu'un mot de moi saurait suffire
Pour qu'il devînt triste ou joyeux ;
Son doux regard plein d'éloquence
Savait encor mieux s'exprimer ;
Mais, à bien voir, ce n'est pas là, je pense,
Ce qu'on appelle aimer.

II

Moi, je pensais, sans rien lui dire,
Car je n'osais ouvrir mon cœur ;
Je craignais trop qu'il y pût lire,
Des mots secrets pleins de douceur.
J'étais heureuse en sa présence,
Quand il partait, j'allais rêver ;
Mais, à bien voir, ce n'est pas là, je pense,
Ce qu'on appelle aimer.

Et cependant... Ah! je n'ose interroger mon cœur... Il n'aurait qu'à répondre, et... sais-je bien ce qu'il me dirait!... Quel est ce bruit?... Des fanfares... Ce sont les trompettes du régiment... C'est l'avant-garde, comme dit grand-père... (Regardant à la fenêtre.) Oui, voici les cavaliers qui s'arrêtent dans la cour du château... Un officier descend de cheval : il regarde les fenêtres... Ah! je ne me trompe pas... Ernest... M. de Mareuil!... C'est lui! Il entre... Ah! mon Dieu! et grand-père qui passe la revue de la cave!... et moi qui n'ai pas seulement eu le temps de changer de toilette; je dois être affreuse à voir... vite, courons... Trop tard!... Le voici.

SCÈNE IV.

BERTHE, ERNEST.

ERNEST, à Berthe qui tourne le dos.

Ah! pardon, madame, je ne trouve personne pour m'introduire, et, je suis forcé de m'annoncer moi-même... Je commande l'avant-garde du régiment qui arrive dans une heure, et je dois m'entendre avec le maître du château, pour le logement d'un détachement.

BERTHE, le saluant.

Je vais prévenir mon grand-père, monsieur.

ERNEST.

Que vois-je!... Mademoiselle Berthe!... Vous!... vous ici!... Ah! c'est le ciel qui m'a conduit vers vous!.. Je le disais bien que nous nous retrouverions!

BERTHE.

Et moi, j'en étais sûre.

ERNEST.

J'en avais le pressentiment.

BERTHE.

Et moi aussi.

ERNEST.

Me voici bienheureux.

BERTHE, étourdiment.

Et moi aussi!... (Se reprenant.) Je pourrai avoir des nouvelles de Jeanne.

DUO.

ERNEST.

Moment d'ivresse
Et de bonheur!
Quelle allégresse
Remplit mon cœur!
Douce espérance :
Je la revois!...
J'ai sa présence
Comme autrefois!

LE CAPITAINE ROCH.

BERTHE.
Moment d'ivresse
Et de bonheur!
Quelle allégresse
Remplit mon cœur!
Douce espérance :
Je le revois!...
J'ai sa présence
Comme autrefois!

ERNEST.
Je gémissais de votre absence;
Je vous retrouve avec bonheur...
Et vous, de moi gardiez-vous souvenance,
Et pensiez-vous à ma douleur?

BERTHE.
On pense au frère, en pensant à la sœur.

ERNEST.
Quoi! se peut-il?

BERTHE.
Comment va-t-elle?

ERNEST.
Quel doux espoir!... Est-ce une erreur?

BERTHE.
Est-elle encor aussi bonne que belle?

ERNEST.
Laissez-moi lire en votre cœur.

BERTHE.
Pardon monsieur, parlons de votre sœur.

REPRISE, DE L'ENSEMBLE.

ERNEST.
Moment d'ivresse
Et de, etc.

BERTHE.
Moment, etc.

ERNEST.
Eh bien, ma sœur connait ma flamme;
Souvent elle a fait des projets
Qui remplissaient mon âme
D'espoir secrets :

Tout bas, sa voix disait :— espère...
J'ai cru ce rêve séducteur :
Punirez-vous le frère
Qui crut sa sœur?

BERTHE.

Ah! tout cela n'était qu'un songe ;
Parfois, moi, je l'ai fait aussi.

ROCH.

O ciel!

BERTHE.

Mais c'était un mensonge :
Pour me flatter Jeanne parlait ainsi.

ERNEST.

Quoi! se peut-il ?

BERTHE.

J'ai dit comme elle.

ERNEST.

Elle a prédit tout mon bonheur!

BERTHE.

Elle est toujours aussi bonne que belle.

ERNEST.

Vous avez donc approuvé mon ardeur?

BERTHE.

Ce n'est pas moi, monsieur; c'est votre sœur.

REPRISE DE L'ENSEMBLE.

ERNEST.

Moment d'ivresse, etc.

BERTHE.

Moment d'ivresse, etc.

ERNEST.

Rien n'égale ma joie, et je bénis l'ordre du ministre, qui m'a amené ici.

BERTHE.

Comment, monsieur, c'est par ordre que vous êtes venu!

ERNEST.

Sans doute : le changement de garnison...

BERTHE.

Ah mon Dieu!... et grand-père qni m'a avertie des changements de garnison !

ERNEST.

Que dites-vous?

BERTHE.

Et qu'une jeune fille devait toujours veiller sur son cœur.

ERNEST.

Oh! mais ne craignez rien : mon affection est aussi pure que solide, et, quand on a le bonheur de vous aimer, peut-on jamais connaître l'inconstance?...

BERTHE, à part.

Comme il s'exprime bien !

ERNEST.

Ces doux projets que faisait ma sœur, nous les exécuterons; ces espérances que je rêvais, nous les réaliserons, et unis à jamais par des liens indissolubles, nous vivrons l'un près de l'autre pour nous aimer sans cesse.

BERTHE.

Ah! que ce sera gentil!... et Jeanne viendra nous voir souvent!

ERNEST.

Elle sera votre sœur.

BERTHE.

Et les changements de garnison?...

ERNEST.

On ne sert pas deux maîtres à la fois : Je quitte le service; nous vivons, l'été, à la terre de Mareuil, et l'hiver à Paris.

BERTHE.

A Paris!... Nous irons au spectacle : Je n'y suis jamais allée.

ERNEST.

Nous aurons notre loge aux Italiens.

BERTHE.

Et moi qui adore la musique.

ERNEST.

Et moi, j'en suis fou.

BERTHE.

Comme cela tombe!... Nous vous en ferons, toute la journée, à quatre mains; Jeanne tiendra la seconde partie et vous tournerez les pages, tandis que grand-père lira son journal.

ERNEST.

Votre grand-père?

BERTHE.

Ah! c'est vrai : Vous ne le connaissez pas... Un excellent homme, et qui, malgré sa rudesse apparente, me gâte... Ah!... Quand je dis grand-père, c'est une vieille habitude, je pourrais bien dire père tout court; car c'est lui qui m'a élevée... Pas plus haute que cela, il me portait dans ses bras, et me berçait, tandis que mes petites mains lui tiraient ses longues moustaches... Car il a des moustaches grand-père... pas comme les vôtres, non; elles sont grises... Il a été militaire : capitaine, comme vous... Oh! il vous racontera ses campagnes d'Afrique.

ERNEST.

Un ancien officier! Eh bien, tant mieux! les vieux militaires ont la franchise et la rondeur; nous nous entendrons vite ensemble.

BERTHE.

Comme c'est heureux qu'il ait servi!

ERNEST.

Et je sens que je l'aime déjà.

BERTHE.

Quel bonheur! Eh bien, je ne vous en aimerai que davantage.

ERNEST, à part.

Quelle gracieuse innocence!

SCÈNE V.

Les Mêmes, ROCH.

ROCH, entrant.

Berthe!... Berthe! Eh bien, tu es encore là? L'avant-garde est arrivée. (A part.) Qu'est-ce que cela? Un jeune officier en fourrageur dans nos retranchements : Sacrebleu !

ERNEST, saluant.

Monsieur, je précède le régiment, et je...

ROCH.

Et vous commencez par faire une reconnaissance comme en pays conquis.

ERNEST.

Croyez bien que le hasard seul...

BERTHE.

Oui, grand-père, c'est le hasard, comme un parloir.

ROCH.

Silence dans les rangs ! Monsieur, lorsque j'étais en Afrique, j'avais de ces hasards-là, et je me rappelle qu'à Mascara... Mais, après tout, permettez-moi de vous demander si votre service vous arrête chez moi.

ERNEST.

Je venais m'entendre...

ROCH.

Avec ma fille?

BERTHE.

Mais, grand-père, puisque c'est l'ordre du ministre.

ROCH.

L'ordre du ministre! Ah çà, es-tu folle?

BERTHE.

Non pas... et d'ailleurs, il ne changera jamais de garnison; il vous aime déjà, il donne sa démission, et nous vous ferons de la musique, tandis que vous lirez votre journal.

ERNEST.

Monsieur, permettez...

ROCH.

Qu'est-ce que cela signifie?

BERTHE.

C'est Jeanne qui fera les basses.

TRIO

ROCH.

Voilà, sur ma parole,
L'enfant qui devient folle :
C'est trop fort, ventrebleu!...

Quand j'étais en Afrique,
J'avais cette tactique ;
Mais, halte-là, corbleu !
ERNEST.
Mais, monsieur, laissez-moi vous dire...
ROCH.
Non ! Je n'écoute rien.
BERTHE.
Mais un seul mot pourra suffire.
ERNEST.
Vous comprendrez...
ROCH.
Je comprends bien.

ENSEMBLE.

ROCH.
Je ne veux rien entendre :
Cet homme est un trompeur :
Je vais, sans plus attendre,
Agir avec rigueur.
BERTHE.
Il ne veut rien entendre :
Grand père est en fureur ;
Il faut, sans plus attendre,
Le tirer de l'erreur.
ERNEST.
Il ne veut rien entendre :
Je comprends sa fureur ;
Il faut, sans plus attendre,
Le tirer de l'erreur.
Loin de chercher à vous déplaire,
Je vous dirai très-franchement...
ROCH.
A d'autres !...
ERNEST.
Quoi !...
BERTHE.
D'abord, grand père,
Monsieur Ernest jamais ne ment.

ERNEST.
Monsieur Ernest!
BERTHE.
Certainement.
ROCH.
Son petit nom! c'est renversant!
BERTHE.
Puis, il vous aime et vous honore;
Pour vous le dire, il vous attend.
ROCH.
Assez!
ERNEST.
Je l'expliquais encore
A votre Berthe, en cet instant.
ROCH.
Il a dit Berthe!
BERTHE.
Assurément.
ROCH.
Son petit nom!... c'est révoltant!
ERNEST.
Mais, monsieur, laissez-moi vous dire...
ROCH.
Non! je n'écoute rien.
BERTHE.
Mais un seul mot pourra suffire.
ERNEST.
Vous comprendrez.
ROCH.
Je comprends bien.

REPRISE DE L'ENSEMBLE.

ROCH.
Je ne veux rien entendre, etc.
BERTHE.
Il ne veut, etc.
ERNEST.
Il ne veut etc.
ROCH (parlé).
Monsieur, quand j'étais en Afrique...

BERTHE, vivement.

Il a rencontré à Blidah une jeune fille qui avait des moustaches brunes, et qui changeait de garnison.

ROCH.

Et toi d'abord, fais-moi le plaisir d'évacuer la place. Demi-tour, droite! pas accéléré, et rentre au poste.

BERTHE.

Comment?

ROCH.

Je te récidive l'ordre d'aller voir au corps-de-garde si j'y suis; et lestement.

BERTHE.

Oui, j'y vais; mais je vous préviens, grand-père, que vous avez beau faire vos gros yeux, et hérisser vos grandes moustaches, ça n'empêchera pas M Ernest de vous aimer, ni moi de vous jouer du Mozart à quatre mains avec Jeanne, tandis que vous lirez votre journal.

ROCH..

Décidément, elle a perdu la tête.

ERNEST.

Monsieur...

ROCH.

Quant à vous, restez, capitaine; nous avons un compte à régler, et, entre militaires, ce sera bientôt fait.

BERTHE, à part.

Il va tout lui expliquer, et M. Ernest l'avait bien dit : entre militaires, c'est vite arrangé. (Elle sort.)

SCÈNE VI.

ROCH, ERNEST.

ROCH.

Je vous disais donc, monsieur, que quand j'étais en Afrique, j'avais l'habitude de traiter les choses lestement, et sans équivoquer sur les mots... Vous êtes venu ici pour abuser de l'inexpérience d'une jeune fille. Oui, sacrebleu! Je connais la manœuvre : ça m'est arrivé dans tous mes changements de garnison : c'est un exercice connu, et qui fait partie de la théorie du cavalier en voyage... Or, vous êtes officier, moi aussi... Capitaine Roch, adjudant-major, quinze ans de service, et onze blessures pour vous servir... à grade égal, l'affaire peut s'arranger.

ERNEST.

Je vous jure.

ROCH.

Ne jurez pas, ventrebleu!... Moi, je ne jure jamais, mille carabines! mais j'agis. Un bon coup d'épée explique mieux les choses que cent mauvais coups de langue, et voilà!

ERNEST.

Un duel!... avec vous?

ROCH.

Et avec qui donc?... Est-ce que vous croyez par hasard qu'en prenant ma retraite, j'ai abdiqué le droit de monter la garde à la porte de mon honneur?

ERNEST.

C'est impossible!

ROCH.

Impossible!... Quand j'étais en Afrique, un officier, en pareil cas, me répondit le même mot... Savez-vous ce que j'ai fait? J'ai été trouver son colonel, et, huit jours après, un conseil d'honneur forçait le lâche à déposer ses épaulettes... Dans l'armée française, c'est rare ; mais il paraît que ça se fait encore.

ERNEST.

Ah! c'en est trop! Vous interprétez mal ma patience.

ROCH.

Justement, votre colonel est mon camarade ; cette lettre m'annonce son arrivée chez moi, et, bien que nous ne nous soyons pas vus depuis quinze ans...

ERNEST.

Le colonel de Mareuil?

ROCH.

Précisément ; nous avons fait nos premières armes ensemble, et il vous dira que quand le capitaine Roch était en Afrique...

ERNEST.

Ah! capitaine, vous ignorez... (A part.) Une idée. (Haut.) Et il y a quinze ans que vous ne l'avez vu?

ROCH.

Tout autant.

ERNEST, à part.

C'est cela, et qui sait?... Mon oncle n'arrive que dans quelques heures, et, d'ici là, ma foi !

ROCH, à part.

Cette nouvelle semble l'interloquer. (Haut.) Eh bien! Vous dites?

ERNEST.

Je dis que je suis de votre avis, capitaine ; Les plus courts moyens sont les meilleurs.

ROCH.

Et vous acceptez la proposition?

ERNEST.

Si le colonel m'y autorise, j'aurai l'honneur de vous donner satisfaction.

ROCH.

Parbleu! je m'en rapporte à lui.

ERNEST.

Et moi aussi... A bientôt, capitaine.

ROCH.

Sans adieu, Monsieur. (Ernest sort.)

SCÈNE VII.

ROCH, seul.

Ah! voilà qui ravigote le cœur. C'est comme une fanfare qui sonne le récit du passé... Sacrédié! Il y a du temps qu'on n'a astiqué sa lame... Mais, par ma dragonne! on saura encore en découdre.

AIR.

Ma bonne épée
Est encor là ;
On l'a trempée
A Mascara!
Quand j'étais en Afrique,
C'était mon spécifique
Contre tout insolent ;

> A la moindre critique,
> Vite, pas de réplique,
> Mettons flamberge au vent.
>   Ma bonne épée
>   Est encor là ;
>   On l'a trempée
>   A Mascara.
> Un coup d'épée est un topique
> Qui vous guérit de tous les maux :
> C'est en tous lieux, comme en Afrique
> Le cataplasme des héros...
> Dans les amours, dans la bataille,
> J'ai toujours eu la même ardeur ;
> Sous les beaux yeux, sous la mitraille
> Il faut viser tout droit au cœur !
>   Ma bonne épée
>   Est encor là ;
>   On l'a trempée
>   A Mascara !

Ah ! par tous les diables, nous allons voir... Et cette petite niaise qui se laisse conter fleurette, sans se douter de rien ! Après cela, elle n'y entend pas malice : la première fois qu'un conscrit va au feu, il ne se doute pas de l'effet des balles. Ce n'est pas au couvent qu'on peut enseigner aux jeunes filles la théorie des officiers de chasseurs en voyage ; on leur apprend bien à conjuguer le verbe aimer, ce qui est un tort ; heureusement, je suis arrivé à temps : elle n'en était qu'à l'indicatif, et ça ne commence à être dangereux qu'à l'impératif.

SCÈNE VIII.

ROCH, ERNEST, Il a une perruque et des moustache grises.

ERNEST, à part..

La perruque et les fausses moustaches de mon dernier bal masqué, le vieux képi de mon oncle, et de l'audace... et me voici mon colonel. Après quinze ans d'absence, c'est bien le diable s'il me reconnaîtra... C'est lui : Attention !

ROCH, sans le voir.

Au reste, l'état-major peut arriver quand il voudra : La broche manœuvre; mes bouteilles sont en bataille : le madère aux avant-postes, le bordeaux en tête de colonne, le bourgogne en serre-file, le champagne en tirailleur, le rhum à l'arrière-garde, et l'eau à l'ambulance ; nous sommes sous les armes.

ERNEST, à part.

Commençons le feu. (Il avance en toussant.) Hum! hum!

ROCH, se retournant.

Un vieil officier! Ah! çà, mais Dieu me damne!

ERNEST.

Un vieux de la vieille! Ah, çà, mais le diable m'emporte!

ROCH.

Mareuil !

ERNEST.

Roch !

ROCH.

Embrassons-nous, mon vieux.

ERNEST.

Embrassons-nous, mon brave.

AIR.

ENSEMBLE.

ROCH.

Embrassons-nous encore :
Béni soit ce beau jour;
Depuis quinze ans j'implore
Le moment du retour.

ERNEST.

Embrassons-nous encore :
Béni soit ce beau jour;
Depuis quinze ans j'implore
Le moment du retour.

ROCH, l'examinant.

Voyons un peu que je te reconnaisse.

ERNEST, à part.

Je redoutais ce contre-temps.

ROCH.
Tu n'as pas trop perdu de ta jeunesse.
ERNEST.
Non, j'ai toujours mes vingt-cinq ans.
ROCH.
Mais... tu n'as plus ta balafre au visage?
ERNEST.
Elle est partie en vieillissant!
ROCH.
Tu n'es plus gros!...
ERNEST.
C'est un effet de l'âge.
ROCH.
C'est juste!
ERNEST, à part.
Il est embarrassant.

REPRISE DE L'ENSEMBLE.
ROCH.
Embrassons-nous encore, etc.
ERNEST.
Embrassons, etc.
ROCH.
Après quinze ans d'absence,
Parlons du vieux passé :
Dans nos deux cœurs, je pense,
Rien ne s'est effacé.
ERNEST.
Parbleu! je le crois bien...
(A part.)
Au diable le passé!
ROCH.
Quand j'étais en Afrique,
Te souviens-tu, mon cher,
De ce combat critique
Avec Abdelkader?
ERNEST.
Parbleu! c'était l'été.
ROCH.
Non pas!... c'était l'hiver.

ERNEST, à part.

Diable! c'était l'hiver!...

(Haut.)

Je dis l'été, par métaphore :
Lorsqu'on soutient un tel assaut,
On n'a pas froid, nul ne l'ignore;
J'entends par là qu'il faisait chaud.

ROCH.

C'est, ma foi vrai! j'étais en eau...
Et cette belle Juive
Qui, dans l'obscurité,
Fuit, plus morte que vive,
Un époux irrité?

ERNEST.

Parbleu!... c'était l'hiver.

ROCH.

Non pas, c'était l'été.

ERNEST, à part.

Diable! c'était l'été!

(Haut.)

Je dis l'hiver, car je raisonne;
Une beauté mourant d'effroi,
Qui, dans la nuit tremble et frissonne;
Admets, mon cher, qu'il faisait froid.

ROCH.

C'est, ma foi, vrai!... Ça se conçoit!...
Après quinze ans d'absence,

ERNEST.

Vive le vieux passé!

ROCH.

Oui, je le vois d'avance...

TOUS DEUX.

Rien ne s'est effacé.

REPRISE DE L'ENSEMBLE.

ROCH.

Embrassons-nous encore, etc.

ERNEST.

Embrassons-nous, etc.

ROCH.

Ah çà, mon cher, parlons peu et parlons bien; les affaires sérieuses d'abord, et le plaisir après... Tout à l'heure, un jeune étourneau, un officier d'avant-garde, s'est avisé de parader autour de l'enfant, et tu sais... l'honneur de nos filles, c'est comme l'étendard du régiment; qui s'y frotte, s'y pique.

ERNEST.

C'est juste... Qu'est-ce que l'enfant?

ROCH.

Ma petite fille : seize ans; pure comme ma lame, gaie comme une fanfare, et jolie comme l'aurore d'une bataille.

ERNEST, à part.

A qui le dit-il?... (Haut.) Et cet officier s'est avisé?...

ROCH.

Tu comprends que Roch était là... et sacrebleu!

ERNEST.

Ça ne peut pas se passer ainsi!

ROCH.

Ah! je te reconnais là! Tu comprends la chose, toi... et il est convenu que, si tu donnes ton autorisation... Voilà!

ERNEST.

Si je la donne!... Mais bien plus : j'exige le combat.

ROCH.

A la bonne heure!

ERNEST.

Ah!... à moins que tu n'y renonces toi-même.

ROCH.

Moi!... mille mousquetons!

ERNEST.

Dame! en matière de duel, il faut tout prévoir... Quel est ton témoin!

ROCH.

Ce sera toi, pardieu!... Quand nous étions en Afrique...

ERNEST.

Un colonel, lorsqu'il s'agit d'un de ses officiers, — ce n'est pas très-régulier ; — mais, comme tu ne pourrais te passer de moi, j'accepte...

ROCH, lui prenant la main.

Je ne te remercie pas ; à charge de revanche... Et puis, dis-donc, mon vieux camarade... car enfin, comme tu dis, il faut tout prévoir, et... tu te souviens qu'autrefois...

COUPLETS.

I

Quand nous étions tous les deux en Afrique,
Et que sonnait le signal du combat,
Nous nous léguions par serment sympathique
Nos souvenirs, seuls trésors du soldat...
Mon vrai trésor aujourd'hui, c'est ma fille ;
Mes soixante ans peuvent trahir mon bras ;...
Sois son appui, son guide, sa famille :
Mon vieil ami, ne l'abandonne pas !

ERNEST.

II

Sans approuver ce funeste présage,
Ton vœu suprême est déjà dans mon cœur
Comme un bienfait j'accepte l'héritage :
Un tel trésor ferait tout mon bonheur...
En me léguant l'avenir de ta fille,
Tu comblerais mon rêve d'ici-bas ;
Mais, à quoi bon séparer la famille ?...
Donne-la-moi, donne, mais ne meurs pas.

ROCH.

Sacrebleu ! tu es un brave frère... comme autrefois, et... ce que tu dis là, vois-tu... tiens, mon vieux camarade... enfin... Allons bon ! voici que je m'attendris, et que je vais pleurer comme un conscrit... Mille pompons !... En voilà assez ; parlons au sérieux... Ça, tu dois avoir une faim de voyageur et une soif de chasseur.

ERNEST.

De 5e chasseurs !... Mais, avant tout, ne penses-tu pas qu'en ma qualité de chef de corps, je doive chercher à m'éclairer sur ce qui s'est passé avec ta fille ?

ROCH.

Comment!... tu ne me crois pas!... j'ai donc menti?... Ah çà, tu veux donc me forcer d'embrocher tout l'état-major!

ERNEST.

Calme-toi, mon brave ami; je ne doute pas de ta parole; mais, pour mettre ma responsabilité à couvert...

ROCH.

C'est juste... j'ai tort... et je ne suis qu'un brutal...

ERNEST.

Il est bon que j'interroge mademoiselle... (Se reprenant.) ta fille.

ROCH.

Interroger l'enfant! mille bombes! je te le défends... il ne manque plus que cela... pour lui faire venir des idées qui... que... enfin, ça ne se peut pas.

ERNEST.

Ainsi, tu ne crois pas à ma prudence, à ma réserve?... Si tu n'as plus confiance en moi...

ROCH.

Pas confiance! Oh çà, es-tu venu ici pour m'insulter, toi!... Sais-tu que tu commences à m'échauffer considérablement les oreilles!... Pas confiance!... Est-ce lorsque nous étions en Afrique?... Eh bien, on va te faire voir que tu n'es qu'un vieux calomniateur, et, pour preuve, tandis que je vais faire déboucher mes escadrons, je t'envoie l'enfant, et tu pourras rédiger le rapport.

ERNEST, à part.

C'est charmant!

ROCH.

Pas confiance! tu me payeras celle-là, toi!... Pas confiance! (Il sort.)

SCÈNE IX.

ERNEST, seul. Il ôte sa perruque.

Elle va venir! et c'est lui qui l'envoie!... Je ne sais comment tout cela finira; mais, en amour comme en guerre, gagner du temps, c'est avoir des chances de victoire.

A R.

Je suis aimé!... Son innocence
En m'écoutant n'a rien blâmé
Elle a comblé mon espérance :
Elle est à moi, je suis aimé!

A son bonheur je consacre ma vie,
Je la paîrai d'un facile retour ;
Vivre pour elle est mon unique envie,
Et, pour jamais, elle est tout mon amour...
Je suis aimé! je suis aimé!

Mais ce bonheur n'est-il pas un vain rêve?
Un mot pourrait le faire évanouir...
Ah! qui peut donc empêcher qu'il s'achève?
Dans ses beaux yeux j'ai lu tout l'avenir!

Je suis aimé! Son innocence
En m'écoutant n'a rien blâmé;
Elle a comblé mon espérance :
Je suis aimé! je suis aimé!

Et pourtant, si je m'étais abusé? si j'avais pris pour un aveu les inexpériences de sa candeur!... Ah! mon Dieu! voici que je tremble d'avoir peut-être mal compris! et qui sait si cette pauvre jeune fille n'a pas cru qu'elle pouvait parler ainsi au frère de sa meilleure amie... (Voyant venir.) C'est elle!... Au moyen de ce déguisement, essayons de connaître ses véritables sentiments. (Il remet vivement sa perruque.)

SCÈNE X.

ERNEST, BERTHE.

BERTHE.

On me dit que vous me demandez, monsieur, et me voici.

ERNEST, grossissant sa voix.

Approchez, mon enfant; est-ce que je vous fais peur?

BERTHE.

Peur!... oh! non... D'abord grand-père m'a dit que vous étiez très-bon, et puis je sais que vous êtes l'oncle de M. Ernest.

ERNEST.

En effet; et mon neveu m'a souvent parlé de vous; il paraît vous aimer beaucoup.

BERTHE.

Je le sais bien... Jeanne me l'avait déjà dit tout bas à la pension... et lui... vient de me le répéter tout haut, ici même, il n'y a qu'un instant.

ERNEST.

Comment! il aurait osé!... Ah! voici qui dépasse les bornes, et c'est précisément pour savoir jusqu'où a été son audace, que votre grand-père vous a envoyée à moi.

BERTHE, à part.

Ah! mon Dieu! lui aussi va être contre nous! Tâchons de ne rien dire.

ERNEST, à part.

Que va-t-elle m'avouer? (Haut.) Est-ce qu'il aurait essayé de vous faire croire à son... amour?

BERTHE.

Nous avons beaucoup parlé de sa sœur, qui est ma meilleure amie.

BERTHE.

Et vous, mon enfant, auriez-vous quelque... attachement pour le frère?

BERTHE, vivement.

Oh! non, monsieur.

ERNEST.

Vous ne l'aimez pas?

BERTHE.

Pas du tout!

ERNEST, à part.

Voilà le rêve évanoui!

BERTHE, de même.

C'est peut-être mal de mentir ainsi!

ERNEST.

Dès lors, mademoiselle, il ne me reste plus qu'à vous remercier de vos explications : je vais prévenir le pauvre Ernest que ses plus chères espérances sont désormais inutiles, et qu'il n'a plus qu'à partir.

DUO.

BERTHE.

Partir!... Qui peut donc le contraindre
A fuir ces lieux?

ERNEST.

Il serait trop à plaindre :
Partir vaut mieux.

BERTHE, à part.

Hélas! peine cruelle!

ERNEST.

Adieu donc.

BERTHE.

Attendez!

ERNEST.

Adieu, mademoiselle.

BERTHE.

Arrêtez!

ENSEMBLE.

BERTHE.

Que vais-je lui dire?
Je n'ose parler;
Quel cruel martyre!
Quoi! nous séparer!

ERNEST.

Que va-t-elle dire?
Je n'ose espérer;
Quel cruel martyre!
Quoi! nous séparer!

ERNEST.

Laissez-le donc éviter votre haine.

BERTHE.

Qui dit cela? Moi, le haïr!

ERNEST.
Vous-même hélas!... qu'il vous souvienne.
BERTHE.
On peut parler sans réfléchir.
ERNEST.
Peut-être alors, en confidence,
Vous pourriez risquer un aveu?...
BERTHE.
Dit-on toujours ce que l'on pense?
ERNEST.
Si seulement, ah! vous l'aimiez un peu!
BERTHE.
Un peu?
ERNEST.
Un peu.
BERTHE.
Eh bien, je l'aime un peu.

REPRISE DE L'ENSEMBLE.

BERTHE.
Que viens-je de dire?
Je n'ose parler, etc.
ERNEST.
Que vient-elle dire?
Je n'ose espérer, etc.
ERNEST.
Un peu, c'est de l'indifférence
Pour l'avenir;
Et, dans ce cas, je pense,
Mieux vaut partir.
BERTHE, à part.
Hélas! peine cruelle!
ERNEST.
Adieu donc.
BERTHE.
Attendez!
ERNEST.
Adieu, mademoiselle.

BERTHE.
Arrêtez!
REPRISE DE L'ENSEMBLE.
BERTHE.
Que vais-je lui dire? etc.
ERNEST.
Que va-t-elle dire?
ERNEST.
Soyez sans crainte, un peu de confiance.
BERTHE, à part.
Il ne se fâche pas!
ERNEST.
Dites-moi tout
BERTHE.
Dit-on toujours ce que l'on pense?
ERNEST.
Si seulement, ah! vous l'aimiez... beaucoup!
BERTHE.
Beaucoup?
ERNEST.
Beaucoup.
BERTHE.
Oui, je l'aime... beaucoup.

REPRISE DE L'ENSEMBLE.

BERTHE
Que viens-je de dire?
Il fallait parler;
Mieux valait l'instruire,
Que nous séparer.
ERNEST.
Que vient-elle dire
Elle ose parler!
Ah! c'est un délire!
Je puis espérer.

ERNEST (Parlé).
Que viens-je d'entendre?
BERTHE.
Ah! monsieur, ne le lui dites jamais. N'abusez pas de

mon secret; ce que j'ai avoué à l'oncle, je rougirais de le répéter au neveu.

ERNEST.

Chère Berthe, n'en rougissez pas : il serait trop tard : Ernest connait déjà ce doux mystère, et son cœur a bondi de joie, en entendant ce doux aveu.

BERTHE.

Ah mon Dieu ! est-ce qu'il était là ?

ERNEST, ôtant sa perruque.

Oui, il est à vos pieds vous remerciant de son bonheur, et vous suppliant de lui pardonner sa témérité. (Il tombe à ses genoux.)

BERTHE.

Ernest ! Ah ! grand Dieu.

SCÈNE II.

LES MÊMES ROCH.

ROCH, dans le fond.

Mille carabines !... Lui aussi.

ERNEST, se relevant, à part.

Je l'avais oublié ! (Il remet sa perruque.)

ROCH, s'avançant.

Ah çà, le régiment s'est donc donné le mot, et a-t-on jeté un sort sur cette petite écervelée.

BERTHE, à part.

Où me cacher.

ERNEST, à part.

Allons ! de l'audace toujours.

ROCH.

A son âge, il n'a pas honte !... A peine s'il pouvait se relever, quand il était à genoux : quatre hommes et un caporal, pour aider le colonel ! Ah ! ah ! ah ! et tu ne rougis pas ?

ERNEST.

Rougir de quoi?

ROCH.

Il le demande!... Quand nous étions en Afrique, je fus témoin d'une semblable aventure : Un père surprit un homme aux pieds de sa fille; il lui donna à choisir entre un coup d'épée, ou un contrat de mariage.

ERNEST.

C'était la seule alternative, et je...

ROCH.

Oui; mais l'homme avait vingt-cinq ans, et tu es un peu plus corsé en états de service; la fille consentait; et l'enfant a dû te rire au nez, en voyant un invalide à ses genoux. Donc! ventrebleu! tu entends ce que parler veut dire.

BERTHE, à part.

Ah! mon Dieu!

ERNEST.

Et... si la fille n'avait pas ri?

ROCH.

Il est resplendissant, parole d'honneur.

ERNEST.

Dame! je m'en rapporte à elle.

ROCH.

Et moi aussi, vrai Dieu! et je jure de suivre ses volontés.

ERNEST.

Sérieusement?

ROCH.

Foi de capitaine Roch... et, quand je dis cela... c'est sacré.

BERTHE.

Je n'oserai jamais.

FINALE.

ROCH, à Berthe.

Réponds-lui donc; allons, courage.

BERTHE.

Que puis-je dire en ce moment?

ROCH.

Il te demande en mariage.

BERTHE.
Il me demande en mariage?
ERNEST.
Assurément.
ROCH.
C'est renversant!...
Ce jouvenceau prétend qu'on l'aime...
BERTHE.
Faut-il répondre franchement?
ROCH.
Il dit que tu penses de même.
BERTHE.
Il dit que je pense de même?
ERNEST.
Assurément.
ROCH.
Étourdissant!

ENSEMBLE.

BERTHE.
Quel heureux présage!
C'est le mariage
Que j'osais rêver...
Que dira grand-père
De tout ce mystère?
Va-t-il l'approuver?
ERNEST.
Quel heureux présage!
C'est le mariage
Que j'osais rêver...
Que dira son père
De tout ce mystère?
Va-t-il l'approuver?
ROCH.
Vraiment, à son âge,
C'est le mariage
Qu'il ose rêver!
Il serait son père:
Est-ce qu'il espère
La voir approuver?

ERNEST, à Berthe.
Un mot, un seul, je vous supplie;
Ne doutez pas de mon amour.
ROCH.
Ah! j'en rirai toute ma vie :
Il parle comme un troubadour.
BERTHE.
Vous savez trop ce que je pense.
ROCH.
Parbleu! le mot est assez clair.
ERNEST.
Ah! vous comblez mon espérance.
ROCH.
Eh bien, corbleu! tu n'es pas fier!
ERNEST, à Roch.
Vous l'entendez, elle accepte sans peine.
ROCH.
J'entends vraiment qu'on se moque de toi.
BERTHE, à Ernest.
Votre espérance est aujourd'hui la mienne.
En votre amour mon cœur a foi.
ROCH.
C'est trop fort sur ma foi!
REPRISE DE L'ENSEMBLE.
BERTHE.
Quel heureux présage, etc.
ERNEST.
Quel heureux présage! etc.
ROCH.
Vraiment, à son âge,
C'est le mariage
Qu'il ose rêver!
Il serait son père;
Est-ce qu'il espère
Me voir approuver.
ERNEST.
La parole d'un militaire
Est un serment toujours sacré,

Ce qu'il promit, il doit le aire :
Vous-même vous l'avez juré.
BERTHE.
Oui, foi de Roch! il a juré.
ROCH.
L'honneur, quand j'étais en Afrique,
M'a toujours vu suivre ses lois;
J'y suis fidèle, et je m'en pique
En cet instant, comme autrefois.
ERNEST.
Roch nous approuve, ah! je le vois!
ROCH.
    Mais, à ton âge,
    Le mariage,
    Pour tous les deux
    Est trop chanceux;
    Et c'est folie
    Quand on se lie,
    Que de flétrir
    Tout l'avenir.
ERNEST.
Alors, si j'avais la jeunesse...
ROCH.
Ah! ce serait bien différent :
J'aime ma fille avec faiblesse
Et je serais plus tolérant.
ERNEST.
Le jurez-vous?...
ROCH.
    Oui, je le jure.
BERTHE, à part.
Ah! quel bonheur! il est à moi!
ERNEST, ôtant sa perruque.
Eh bien, l'amour me transfigure.
ROCH, reconnaissant le jeune officier.
Corbleu! c'est vous!... Ce n'est plus toi!

DEUXIÈME ENSEMBLE.
ROCH.
Quelle étrange aventure!

Il change de figure ;
Je suis pris, ventrebleu !
J'ai fait une promesse :
Je dois, je le confesse,
Accomplir un tel vœu.

ERNEST.

La charmante aventure!
Je change de figure ;
L'oncle devient neveu.
Il fit une promesse :
Il doit, je le confesse,
Accomplir ce doux vœu.

BERTHE.

La charmante aventure!
Il change de figure ;
L'oncle devient neveu.
l fit une promesse ;
Il doit, je le confesse,
Accomplir ce doux vœu.

BERTHE.

Ah! bon grand père!

ERNEST.

Ah! capitaine!

ROCH.

Mais permettez...

ERNEST.

Merci de votre accueil.

ROCH.

Vous me trompiez. Donc ma promesse est vaine :
J'ai cru que vous étiez Mareuil.

ERNEST.

Mais, en effet, je suis Mareuil.

ROCH.

Vous! vous êtes Mareuil?...

BERTHE.

Monsieur Ernest Mareuil.

ERNEST.

Mon oncle adore le grand père,
Et moi, j'adore son enfant,

ROCH.
Son oncle!

ENSEMBLE.

BERTHE.
Son oncle.

ERNEST.
Mon oncle.

ROCH.
Un camarade! Un second frère!
Ah! je mourrai content!

ERNEST, *répétant le couplet de la scène huitième.*
Sans approuver ce funeste présage,
Ce vœu suprême est déjà dans mon cœur ;
Comme un bienfait, j'accepte l'héritage,
Un tel trésor fera tout mon bonheur ;
En me léguant l'avenir d'une fille,
Vous comblerez mes rêves d'ici-bas ;
Mais, à quoi bon séparer la famille ?...
Donnez-la-moi ; donnez... ne mourez pas.

ENSEMBLE.

BERTHE.
Donnez, grand père... Oh! mais ne mourez pas.

ROCH.
Donnons-la donc ; donnons : Ne mourons pas.

ROCH, *reprenant le couplet de la scène deuxième.*
(Il prend la main d'Ernest, et l'approchant de Berthe.)
Allez cueillir les roses,
Beaux amoureux de dix-huit ans ;
Avant ce soir, à peine écloses,
Elles mourront dans leur printemps.

ENSEMBLE.
Allez cueillir les roses,
Beaux amoureux, il en est temps.

ENSEMBLE.

BERTHE.
Allons cueillir les roses,
Beaux amoureux, il en est temps!

ERNEST.
Allons cueillir les roses,
Beaux amoureux, il en est temps!
REPRISE DU DEUXIÈME ENSEMBLE.
ROCH.
Quelle étrange aventure, etc.
ERNEST.
La charmante aventure, etc.
BERTHE.
L charmante aventure, etc.

FIN DU CAPITAINE ROCH.

LA BOURSE OU LA VIE

OPÉRA-COMIQUE EN VER

MUSIQUE DE CHARLES MANRY

Représenté, pour la première fois sur le théâtre des Néothermes.

PERSONNAGES

FERNAND. . . . . M. LEFORT.
LA MARQUISE. . . . . Mme GAVEAUX-SABATIER.

A Paris, chez Fernand : salon, table à droite et à gauche ; piano, chevalet ; porte au fond et une latérale.

LA BOURSE OU LA VIE

SCÈNE PREMIÈRE.

FERNAND, seul. Il regarde la pendule qui sonne.

Eh quoi ! déjà midi !... Que l'heure marche vite !...
Si j'en crois aujourd'hui la terreur qui m'agite,
L'hymen est un combat qui doit m'être fatal
Et je voudrais m'enfuir, quand sonne le signal...
Aussi, pourquoi mon oncle a-t-il ainsi la rage
De vouloir me courber au joug du mariage ?...
Avec qui ?... contre quoi ?... Je n'en sais pas un mot,
Et je joue, à coup sûr, le vrai rôle d'un sot.
On me dit qu'elle est veuve, et jeune et fort jolie,
Qu'elle est riche surtout... Qu'importe ?... c'est folie
D'enchaîner, pour si peu, son joyeux avenir ;
Et mon oncle, après tout, en parle à son plaisir :
Il prend un rendez-vous, m'assigne à comparaître
Pour me faire agréer,... ou refuser peut-être ;
C'est un caprice étrange, et je ne sais pourquoi
Je viendrais, en esclave, obéir à sa loi...
Cette femme... au total je suis riche comme elle,
Comme elle je suis jeune... Il est vrai qu'elle est belle,
A ce que dit mon oncle... Oui, mais mon cœur est neuf
Et je n'ai, jusqu'ici, que l'espoir d'être veuf...
Vouloir me marier !... A quoi bon, je vous prie,
Risquer tout son bonheur à cette loterie ?...
Bah ! Qu'importe ? tant pis ! Ce rendez-vous, j'irai,
Je verrai, je vaincrai... Non !... Je refuserai !

COUPLET.

I

Je suis garçon, bonheur suprême!
Est-il, sur terre, un sort plus doux?
Je suis à moi, je vis, je m'aime;
Que les maris, grand Dieu! sont fous!
La vie est un pèlerinage
Dont chaque pas nous est compté :
Heureux qui prend, pour faire le voyage,
Ce compagnon nommé la liberté!...

II

Et cependant, j'ai là dans l'âme
Comme un écho parlant tout bas...
Est-ce la voix de quelque femme,
Que mon regard ne connaît pas?...
Fuyez, fuyez, obscur mensonge,
N'éclipsez plus la vérité...
S'il faut rêver, laissez-moi voir en songe,
Ce beau soleil nommé la liberté!...

(On entend frapper.)

SCÈNE II.

FERNAND, LA MARQUISE.

DUO.

FERNAND.

Je crois qu'on frappe?... Entrez!...
(La marquise entre, il salue.)
C'est une femme!

LA MARQUISE.

Pardon, monsieur, si j'ose ici monter...

FERNAND.

Puis-je savoir à quoi je dois, madame?...

LA MARQUISE, montrant une bourse.

Pour l'indigent, monsieur, je viens quêter.

FERNAND.

Pour l'indigent madame vient quêter!

LA MARQUISE.
Je viens quêter.

ENSEMBLE.

FERNAND, à part.
Encore un caprice
Du sexe enchanteur !
Il fait un hospice
De son pauvre cœur :
Il lui faut toujours
Loger des amours.

LA MARQUISE, à part.
Encore un indice
De mauvaise humeur !
L'homme est peu propice
Aux choses du cœur :
Il proscrit toujours
Les nobles amours.

LA MARQUISE.
C'est pour les pauvres que je prie,
C'est pour eux que je tends la main ;
Hélas ! monsieur, je vous supplie :
Peu d'argent, c'est beaucoup de pain !
Si Dieu leur donna la misère,
Au riche il donna la pitié...
C'est le fardeau de votre frère,
Monsieur, prenez-en la moitié.

FERNAND, contrarié.
Certainement, madame...

LA MARQUISE, tendant la bourse.
Pour les pauvres donnez.

FERNAND, à part.
Au diable cette femme !
Cinq francs, c'est bien assez !

LA MARQUISE.
Quand l'hiver ramène la joie,
Que les salons s'ouvrent pour nous ;
Quand les tapis, l'or et la soie
Semblent ramper à nos genoux,

Là-bas, dans les froides chaumières,
Sont ceux dont on n'a pas pitié...
Le poids est trop lourd pour vos frères,
Monsieur, prenez-en la moitié!

FERNAND, cherchant dans sa poche.
Certainement, madame...

LA MARQUISE.
Pour les pauvres donnez.

FERNAND, regardant la pièce qu'il a tirée.
Oh! l'excellente femme!
Non! ce n'est pas assez.
(Il la remet dans sa poche.)

REPRISE DE L'ENSEMBLE.

FERNAND.
Si c'est un caprice
Du sexe enchanteur ;
Il faut qu'on subisse
Le lois de son cœur :
Il loge toujours
De nobles amours.

LA MARQUISE.
A cet autre indice,
Je le crois meilleur;
Il est plus propice
Aux choses du cœur :
L'homme en vient toujours
Aux nobles amours.

FERNAND.
Vous faites là, madame, un acte méritoire,
Chacun doit être heureux d'en partager la gloire.

LA MARQUISE.
Oh! pas toujours, monsieur... Je rencontre parfois
Beaucoup de ces heureux qui sont sourds à ma voix;
Le mérite, au surplus, est moins grand qu'on ne pense.

FERNAND.
C'est que peut-être il porte en lui sa récompense,
Et qu'en plaidant si bien la cause du malheur,
Vous suivez, sans efforts, l'instinct de votre cœur.

LA MARQUISE.

C'est un peu vrai, monsieur... pourquoi le cacherais-je?...
L'instinct dont vous parlez est un doux privilége :
Alléger la souffrance et calmer la douleur,
Ce n'est pas du plaisir... Non ! mais c'est du bonheur...
Aussi, vous le voyez, ma tâche est bien facile ;
C'est un travail sans doute... Il a son but utile ;
Devant son résultat tout le reste n'est rien :
C'est un peu de fatigue et c'est beaucoup de bien.

FERNAND, avançant un fauteuil.

Oh ! madame, en effet... pardon...

LA MARQUISE.

Je vous rends grâce ;
La charité, monsieur, ne peut rester en place.

FERNAND.

C'est pour mieux vous aider dans ce pieux devoir,
Que j'ose vous prier de daigner vous asseoir.

LA MARQUISE, riant

Comment cela, monsieur ?

FERNAND.

Une raison... majeure :
Ma bourse n'est pas là... Je reviens, tout à l'heure...
J'ai ma caisse d'aumône : Il me serait bien doux
D'y puiser plus souvent, pour les pauvres... pour vous.

(Il salue et sort par la porte latérale.)

SCÈNE III.

LA MARQUISE, elle pose sa bourse sur la cheminée et s'assied.

Ce monsieur est fort bien, si j'en crois l'apparence...
De l'esprit et du cœur... et puis de l'élégance...
Qu'est-ce que ce peut être ?... Un piano d'Érard...
Une toile ébauchée... Il paraît aimer l'art...
C'est peut-être un artiste... Et là, sur cette table,
Des livres, des papiers... Il me semble probable
Qu'il est homme d'étude : Il travaille, il écrit...

Si c'était un poëte!... Où donc ai-je l'esprit
Et que m'importe, à moi, ce qu'il fait, ce qu'il pense?
Je ne le connais pas, et mon indifférence
N'a point à s'occuper de ces soins superflus :
C'est un homme, après tout, que je ne verrai plus...
Mais il tarde à venir... Pour peu que je demeure,
De notre rendez-vous je verrai passer l'heure :
Le pauvre général va m'attendre... et, vraiment,
Je fais presque le vœu que ce soit vainement...
Pourtant, si je l'en crois, le neveu qu'il présente
Mérite qu'on l'accueille... Il le prône, il le vante;
Mais il le vante tant, qu'il est à peu près sûr
Que je vais détester cet aimable futur...
Il est vrai, m'a-t-on dit, que c'est un militaire :
Il aurait là peut-être une chance de plaire,
Si veuve d'un mari qui comprit peu mon cœur,
Je n'avais, de l'hymen une sainte terreur.

AIR.

Comme l'oiseau souffrant d'une blessure,
Je crains l'espace où plane le danger :
De mon passé lorsque l'écho murmure,
Je n'y vois rien que bonheur mensonger!...
A ce péril, quand je suis échappée,
Pourquoi penser à l'affronter encor?
Puisqu'une fois, ton aile fut frappée,
Petit oiseau, ne brave plus le sort...

Je suis veuve et jolie,
Si j'en crois mes flatteurs :
Les sentiers de ma vie
Sont parsemés de fleurs.
On m'admire et l'on m'aime,
On me l'a dit tout bas :
Je le devine même,
Quand on ne le dit pas...
Doux espoir qui m'enivre!
Je veux n'être qu'à toi :
Être libre, c'est vivre,

C'est n'obéir qu'à soi!
C'est posséder un trône;
C'est porter à la fois
Le sceptre et la couronne.
Mieux que ne font les rois!
(Fernand entr'ouvre la porte et chante.)

ENSEMBLE.

LA MARQUISE.
Je suis veuve et jolie,
Si j'en crois, etc.

FERNAND, sans être vu.
Ma quêteuse est jolie :
Si j'en croyais mon cœur,
Auprès d'elle la vie
Serait le vrai bonheur :
Oui, je sens que je l'aime
Et je le dis bien bas;
Mais hélas! elle-même
Ne s'en doutera pas !

SCÈNE IV.

LA MARQUISE, FERNAND.

FERNAND, rentrant.
Je suis vraiment confus de vous laisser attendre.
LA MARQUISE.
Mais c'est moi, bien plutôt qui, venant vous surprendre,
Arrive tout à coup un peu comme un voleur
Qui demande, en passant, la bourse au voyageur.
FERNAND.
Justement! j'y pensais... Non pas que je vous blâme :
Quêter pour les pauvres, c'est bien;
Mais, prenez-y garde, madame,
La police, aujourd'hui, ne respecte plus rien :
On peut vous arrêter, croyez-en mes alarmes,

Comme voleur de grand chemin :
Car quêter avec tant de charmes,
C'est demander... les armes à la main.

(Il met de l'or dans la bourse.)

LA MARQUISE.

Ce compliment, monsieur...

FERNAND.

Vous semble trop sincère?...
Je suis franc, voilà tout ; et, comme militaire...

LA MARQUISE, vivement.

Monsieur est militaire?...

FERNAND.

Oui, madame... hussard.

LA MARQUISE.

(A part.)
L'arme de mon futur!... Profitons du hasard.
(Elle pose sa bourse. Haut.)
Et... de quel régiment, monsieur?

FERNAND.

Du quatrième.

LA MARQUISE, à part.

Juste le numéro de mon futur lui-même !
Si je pouvais savoir!... (Haut.) Et... vous avez, je crois,
Des... chefs d'escadron ?

FERNAND.

Deux, madame... Un autre et moi.

LA MARQUISE, à part.

Mon Dieu!... c'est l'autre ou lui!... (Haut.) Mais j'abuse peut-être...

FERNAND.

Comment donc!... Trop heureux...

LA MARQUISE.

C'est que je crois connaître...

FERNAND.

Mon brave camarade ?

LA MARQUISE.

Oh! mais très-vaguement...
Pour l'avoir vu, je pense, une fois seulement.

####### FERNAND.
Excellent officier ! noble cœur et belle âme :
Brave comme un Bayard et franc comme sa lame ;
Commandant la manœuvre en soldat consommé,
Il a, parmi nous tous, un talent renommé.
####### LA MARQUISE.
Ce sont des qualités... Sans doute, il est aimable ?...
####### FERNAND.
Un autre mot, je crois, serait plus applicable :
C'est un esprit penseur, un homme sérieux,
Parlant fort rarement et n'en parlant que mieux ;
Il a toujours aimé la retraite profonde,
Et s'est fort affranchi des usages du monde ;
Il est brusque, mais bon ; peu galant, mais loyal,
Il a même, parfois, l'esprit original :
Mais tous ces riens charmants, ces mots qui font sourire,
Ces phrases de salon, il ne sait pas les dire :
Il serait près de vous, certe il admirerait...
Oh ! mais, n'en doutez pas, madame... il se tairait.
####### LA MARQUISE.
Mais c'est du tact, monsieur.
####### FERNAND.
    Et c'est ce qui le sauve.
####### LA MARQUISE.
Et... quant à sa personne !...
####### FERNAND.
    Oh ! pas mal... Un peu chauve,
Mais fort bien conservé...
####### LA MARQUISE.
    Conservé !
####### FERNAND.
     Quant à moi,
Je l'aime comme un père...
####### LA MARQUISE.
    Un père !
####### FERNAND.
     Oh ! oui, ma foi !
J'aime ce vieux soldat, dont les anciens services

Sont inscrits, tout vivants, en nobles cicatrices...
LA MARQUISE.
Comment!...
FERNAND.
Un vrai sabreur!
LA MARQUISE, à part.
Hélas! quel quiproquo!
FERNAND.
Il eut l'œil droit crevé, madame, à Waterloo.
LA MARQUISE, étourdiment.
Ah! mon Dieu!... mais alors, monsieur, comment est l'autre?
FERNAND.
L'autre?... (A part.) Après son portrait, elle veut donc le nôtre!
(Haut.)
Mais, madame, cet autre... il a déjà l'honneur
D'être connu de vous... C'est votre serviteur.
LA MARQUISE, à part.
C'est donc lui!
FERNAND.
Mais pour peu que vous ayez envie,
De me connaître mieux...
LA MARQUISE, se levant.
Oh! j'en serais ravie ;
Mais les pauvres, monsieur, réclament mes instants,
Je leur ai dérobé déjà beaucoup de temps.

DUETTO.
FERNAND.
Eh quoi!... vous partez?
LA MARQUISE.
Le devoir m'appelle :
A d'autres plaisirs tout mon temps est dû.
FERNAND.
Votre charité comprend mal son zèle :
Faire des heureux est-ce temps perdu?
LA MARQUISE, à part.
Il est fort aimable!
FERNAND, de même.
Elle est ravissante!

LA MARQUISE.
Adieu donc, je pars.
FERNAND.
Ne plus vous revoir!
LA MARQUISE.
Tous les ans, monsieur, je me représente.
FERNAND.
En partant, du moins, laissez-moi l'espoir!
ENSEMBLE.
LA MARQUISE.
Pour mieux le connaître,
Et juger son cœur,
Je devrais peut-être
Ici, lui promettre
Un peu de faveur.
FERNAND.
Je voudrais connaître
Son nom et son cœur;
Mais jamais peut-être,
Je ne verrai naître
Un si grand bonheur.
FERNAND.
Eh quoi! vous partez!
LA MARQUISE.
Le hasard, sans doute,
L'un et l'autre, un jour, peut nous réunir.
FERNAND.
Ah! puissé-je hélas! trouver sur ma route
Ce qu'ici ma voix ne peut retenir.
LA MARQUISE, à part.
Il est fort aimable!
FERNAND, de même.
Elle est ravissante!
LA MARQUISE.
Adieu donc, je pars.
FERNAND.
Mais pour nous revoir
LA MARQUISE.
J'espère bientôt combler votre attente.

FERNAND.
En partant, du moins, vous laissez l'espoir!...

REPRISE DE L'ENSEMBLE.

LA MARQUISE.
Pour mieux le connaître,
Et juger son cœur,
Je devais peut-être
Ici, lui promettre
Un peu de faveur.

FERNAND.
Je pourrai connaître,
Son nom et son cœur!
Et, plus tard, peut-être,
Oui, je verrai naître
Un plus grand bonheur.

(Ils se saluent, la marquise sort, oubliant sa bourse sur la cheminée.)

SCÈNE V.

FERNAND (Seul, après un moment de silence.)

Oui, la voilà partie... Encore un joli rêve
Qui fuit et disparaît, avant qu'il ne s'achève!...
La vie est faite ainsi par la fatalité :
C'est une ombre... et jamais une réalité...
Ah! çà... mais je suis fou!... Que me fait cette femme
Qui s'en vient tout à coup bouleverser mon âme?
Et notre cœur doit-il s'ouvrir à tous venants,
Comme un hôtel garni qui loge les passans?...
Et qu'a-t-elle, après tout, qui puisse me séduire?...
Des yeux délicieux, un magique sourire,
De la grâce, du cœur, de l'esprit, du bon ton...
Eh bien donc, pour si peu, mon Dieu! s'enflamme-t-on?...
Allons, allons!... D'ailleurs, j'ai ma philosophie :
L'amour est un tyran; sage qui s'en défie;
Je saurai résister à ses trompeurs attraits :
Je ne veux pas aimer! Je n'aimerai jamais!

REFRAIN.

Houzard, fais des conquêtes
Pour un seul jour;

LA MORT DE SOCRATE.

A toi les amourettes,
  Jamais l'amour !

PREMIER COUPLET.

Où le plaisir invite,
  Portons nos pas :
Glissons, mais glissons vite,
  N'appuyons pas :
Les fleurs, comme les belles
  N'ont qu'un printemps :
Bien fou qui veut sur elles
  Compter longtemps !...
Houzard, fais des conquêtes, etc.

DEUXIÈME COUPLET.

En amour comme en guerre,
  Point de salut
Pour celui qui diffère
  D'aller au but.
Si vous trouvez la gloire
  Ou le plaisir,
Usez de la victoire,
  Pour en jouir.
Houzard, fais des conquêtes, etc.

TROISIÈME COUPLET.

Buvez du malvoisie ;
  N'en buvez trop :
Fût-ce de l'ambroisie,
  Pas trop n'en faut ;
Bacchus, aux bords du verre
  Mit le désir ;
C'est être téméraire
  Que le tarir.
Houzard, etc.

(Il aperçoit la bourse.)

Que vois-je... cet objet!... cette bourse oubliée!...
La fortune du pauvre est fort bien confiée...
Videz donc votre caisse au nom de l'indigent,
Pour qu'ainsi, sur la route, on sème votre argent!...

(Prenaut la bourse.)
Tiens!... mais c'est fort coquet!... Charmante broderie!
La charité rançonne avec coquetterie :
Comme dans la *Clélie*, où le héros toujours
Menace d'un poignard à manche de velours...
Mais!... c'est un coup du ciel!... c'est elle qui m'invite
A la revoir... Je vais lui rendre sa visite,
Lui reporter sa bourse... Il fallait un motif :
J'ai bien mieux, car je tiens un ordre impératif.
J'y vais!.. Oui, c'est fort bien.., mais son nom, son adresse?..
Et puis, ce rendez-vous?... Cette heure qui me presse!...
Elle vient de sortir; elle n'est pas bien loin :
Courons... ce rendez-vous, parbleu! je n'irai point!
(Il prend son chapeau et va pour sortir; la marquise rentre.)

SCÈNE VI.

FERNAND, LA MARQUISE.

LA MARQUISE.
C'est encor moi, monsieur : Je suis vraiment confuse.

FERNAND.
Mais c'est moi, bien plutôt, qui vous demande excuse :
Vous faire remonter vingt marches par deux fois !

LA MARQUISE.
Même un peu plus, monsieur; j'en ai compté vingt-trois.
(Elle paraît essoufflée.)

FERNAND, avançant un siége.
Ah! veuillez, un instant... (A part.) A mes vœux tout conspire.

LA MARQUISE.
(A part.)
Il y tient... Eh bien donc, voyons ce qu'il va dire.
(Elle s'assied.)
J'avais laissé ma bourse... Ah! vous sortiez, je crois?

FERNAND.
Non pas!... je... j'allais peindre...

LA MARQUISE.
Ah! vous peignez?

FERNAND.
Parfois.

Je peins, comme je fais aussi de la musique.
LA MARQUISE.
Peintre et musicien!
FERNAND.
Cela semble héroïque
Pour un chef d'escadron de hussards!
LA MARQUISE.
Nullement :
Mais c'est rare, en effet.
FERNAND.
Dans notre régiment?...
Mon Dieu!... j'aime les arts comme on aime les roses :
Je cultive ces fleurs, dans mes loisirs écloses;
Le triste isolement du soldat, du garçon,
Fait une longue nuit des jours de garnison :
C'est un ciel que la brume obscurcit de ses voiles,
C'est un désert sans fin, une mer sans étoiles,
Puisque nous n'avons pas, dans cet étroit chemin,
Celle que nous rêvons, pour nous donner la main.
LA MARQUISE.
Voilà des sentiments...
FERNAND.
Qui semblent ridicules :
Ce sont, pour un hussard, d'incroyables scrupules;
Aussi, riez de moi; moquez-vous hautement :
Je le comprends, madame... et j'en ferais autant.
LA MARQUISE.
Je fais tout le contraire.
FERNAND.
Une telle existence
Est un poids que je porte avec impatience;
C'est un mal qui souvent me force à réfléchir,
Et dont parfois tout bas je songe à me guérir.

ROMANCE.

Ah! je le sens, cet aveu téméraire,
Il vaudrait mieux le garder dans mon cœur;
Mais, quand on souffre, hélas! faut-il se taire?
Doit-on cacher son mal et sa douleur!...

Oh! non : ce mal dont le fardeau m'accable
Est un secret qui me ferait mourir...
Vous que je sais déjà si charitable,
Voudriez-vous me voir ainsi souffrir?

LA MARQUISE.

Ce motif-là me paraît excusable :
Parlez, monsieur, si cela peut guérir.

DEUXIÈME COUPLET.

FERNAND.

Oui, c'est beaucoup de pouvoir sans contrainte,
De ses chagrins confier le secret;
Mais qui me dit qu'en écoutant ma plainte,
Vous voudrez bien partager mon regret?
Auprès de vous, oui, je le sens d'avance,
Bientôt mon mal pourrait s'évanouir;
Souffrir tout seul, c'est être sans défense,
Souffrir à deux, non, ce n'est plus souffrir!

LA MARQUISE.

C'est un devoir qu'alléger la souffrance;
Voyons, monsieur, si l'on peut vous guérir.

FERNAND, parlé.

Oui, je souffre.

LA MARQUISE.

Il s'agit de trouver le remède.

FERNAND.

J'en sais un.

LA MARQUISE.

Eh bien donc! il faut que le mal cède.

FERNAND.

C'est vrai... mais son emploi me paraît violent.

LA MARQUISE.

Quel est-il?

FERNAND.

C'est un peu, madame, un... poison lent.

LA MARQUISE.

Eh mais!... vous m'effrayez!...

FERNAND.

J'en ai très-peur moi-même.

LA MARQUISE.
Et comment nommez-vous ce remède suprême ?
FERNAND.
C'est... puisqu'il faut enfin l'appeler par son nom,
C'est... le mariage.
LA MARQUISE.
Ah !...
(A part.)
L'aveu me semble bon !
FERNAND.
Et je me sens peu fait pour les amours fidèles.
LA MARQUISE, à part.
Ah ! mon Dieu ! je m'en vais en apprendre de belles !
FERNAND.
Mais, peut-être, à mon tour j'abuse ?...
LE MARQUISE.
Pas du tout.
(A part.)
C'est que ce sujet-là m'intéresse beaucoup !
FERNAND, gravement.
Madame... selon moi, le nœud du mariage,
— Et ne riez pas trop d'un semblable langage, —
Est un contrat sacré, consenti par le cœur
Et qu'on ne peut fausser, sans forfaire à l'honneur.
LA MARQUISE.
Ce principe est parfait !
FERNAND.
Oui ; mais, dès le prélude,
Voilà qu'il me conduit droit à la servitude.
LA MARQUISE.
Comment donc ?
FERNAND, approchant son siége.
Supposons que je sois votre époux...
(La marquise se recule.)
Oh ! mais pour un instant, dites... le voulez-vous ?
LA MARQUISE.
(A part.)
Au fait... puisque demain il le sera peut-être !

(Elle se rapproche.)

FERNAND.

D'abord, je vous dirais... Loin de parler en maître,
Je veux lire en vos yeux vos moindres volontés,
Prévenir vos désirs toujours exécutés...
Obéir en aveugle à vos moindres caprices...

LA MARQUISE.

Monsieur le prétendant, c'est trop de sacrifices;
L'hymen est un état constitutionnel
Et le pouvoir, je crois, doit être mutuel :
Pour établir nos droits nous aurions une Charte...

FERNAND.

Et, si quelqu'un de nous, un beau jour, s'en écarte?...

LA MARQUISE.

Eh bien ! dans le conseil tous deux nous aurions voix
Et j'entends bien, monsieur, qu'on discute les lois.

FERNAND.

Je ne veux qu'être esclave.

LA MARQUISE.

Ah ! déjà des entraves...
C'est trop !... car on a vu des révoltes d'esclaves.

FERNAND.

Eh bien donc, un sujet qui marche sous vos lois.

LA MARQUISE.

C'est cent fois pis encore !... Les sujets font parfois
Des révolutions...

(se levant.)

Non ! Gardons l'un et l'autre
Moi, mon indépendance et vous, monsieur la vôtre...

FERNAND, se levant.

Sujets et rois tous deux, esclaves tour à tour,
Ne nous courbons enfin qu'au joug de notre amour!

LA MARQUISE.

Mais ce serait charmant!...

(A part.)

C'est un mari modèle !

FERNAND.

Ah ! vous êtes, madame, aussi bonne que belle

Et votre théorie est celle du bonheur!
Vos leçons... Oui je veux les suivre avec ardeur;
Déjà vous jugerez de mon obéissance;
Mon droit de commander, je l'abjure d'avance,
Trop heureux de garder, vaincu par vos discours,
Le seul droit d'obéir et de céder toujours.

DUETTINO.

Toujours amant,
Jamais mari... je veux aimer sans cesse
Et le prouver à chaque instant.

LA MARQUISE.

Est-ce un moyen de garder la tendresse

FERNAND.

Mais oui, vraiment.
En demeurant
Toujours amant!

ENSEMBLE.

FERNAND.

En demeurant
Toujours amant.

LA MARQUISE.

Assurément
Il est charmant.

LA MARQUISE.

Un tel serment,
Songez-y bien, pour longtemps vous engage
Et me parait fort imprudent.

FERNAND.

Pour le tenir faut-il tant de courage?

LA MARQUISE.

Et cependant,
J'aime vraiment
Un tel serment.

ENSEMBLE.

LA MARQUISE.

J'aime vraiment
Un tel serment!

FERNAND.
Je fais vraiment
Ce doux serment.

LA MAQUISE, riant.

(Parlé.)
Mais, au total, monsieur, tout ceci n'est qu'un rêve.

FERNAND, voulant lui prendre la main.
Auquel il manque, hélas! bien peu, pour qu'il s'achève.

LA MARQUISE, l'écartant.
Voulez-vous me donner ma bourse s'il vous plaît?...

FERNAND.
Votre bourse?

LA MARQUISE.
Mais oui... Vous l'avez.

FERNAND.
En effet;
Mais à quoi bon?... pourquoi?...

LA MARQUISE.
Comment!... mais, je suppose
Que vous ne gardez pas l'argent qu'on vous dépose.

FERNAND, avec tristesse.
Vous allez l'emporter... partir...

LA MARQUISE.
Assurément!
Sans lui je ne sors plus, cette fois.

FERNAND.
Ah!... vraiment?...
Et... si je refusais, en dernière ressource,
De vous rendre, aujourd'hui, cette charmante bourse!

LA MARQUISE.
Vous plaisantez, monsieur...

FERNAND.
Je ne plaisante pas.
Je n'ai que ce moyen de retenir vos pas :

LA MARQUISE.
Aux Cartouches futurs vous allez faire envie :
Vous demandez fort bien ou la bourse ou la vie.

FERNAND.

La vie ! Oui : car sans vous, la mienne n'est plus rien ;
Vous êtes mon espoir, vous êtes tout mon bien ;...
C'est la première fois que je vous vois, madame,
Et pourtant, votre image était là, dans mon âme :
A mes yeux, à mon cœur, c'est comme un souvenir
Qui vient dorer l'azur de mon bel avenir.
Je ne vous connais pas... Pourtant, votre visage
Est celui que j'ai vu dans ce riant mirage
Où rayonnait au loin l'étoile du bonheur !...
Si je me suis trompé, laissez-moi mon erreur.

LA MARQUISE, feignant la colère.

La déclaration est d'une audace extrême !

FERNAND.

Est-on si criminel, pour dire que l'on aime ?
Et je ne vois rien là qui paraisse outrageant.

LE MARQUISE.

Mais les pauvres, monsieur, attendent cet argent.

FERNAND.

J'attends bien mon pardon.

LA MARQUISE, montrant la pendule.

     Et moi-même, à cette heure,
Je manque un rendez-vous d'importance majeure.

FERNAND, montrant sa montre.

Et moi donc qui devrais partir en ce moment.

LA MARQUISE.

Je manque un mariage.

FERNAND.

    Et moi pareillement.

LA MARQUISE, souriant en cachette.

Alors, décidément, vous gardez cette bourse ?

FERNAND.

Décidément.

LA MARQUISE.

    Eh bien !... Je n'ai qu'une ressource :
C'est d'écrire à l'instant qu'on ne m'attende pas,
Puisqu'un voleur en chambre arrête ici mes pas.

FERNAND.

Et moi, j'en fais autant et je m'en vais écrire,
Que, malgré ce qu'ici je puisse faire ou dire,
Je plaide vainement contre le ravisseur
Qui, chez moi, me surprend et me vole mon cœur!

LA MARQUISE.

Soit, monsieur; écrivez.

FERNAND, disposant des papiers.

Ecrivez donc vous-même.

LA MARQUISE, s'asseoit à une table.

Vous m'y forcez, monsieur... c'est un moyen suprême.

FERNAND, s'asseoit à l'autre.

J'y suis contraint, madame, et je dois obéir.
J'écris donc.

LA MARQUISE.

Je commence.

FERNAND.

Et moi, je vais finir.

FINALE.

LA MARQUISE, la plume à la main.
Allez, monsieur.

FERNAND, de même.

Allons, madame.

(Tous deux écrivent en chantant, à part.)

LA MARQUISE.

« Cher général.

FERNAND.

Oncle chéri,
Pour moi vous vouliez une femme...

LA MARQUISE.

Pour moi vous vouliez un mari.

FERNAND.

Ici, j'en trouve une charmante;
Pourquoi l'aller chercher plus loin?...

LA MARQUISE.

Ici, j'en trouve un qui m'enchante;
Pourquoi se donner tant de soin?

FERNAND.
Veuillez, cher oncle, me comprendre :
Je n'irai pas au rendez-vous?
LA MARQUISE.
Pardon de m'être fait attendre :
Ma faute est un crime bien doux. »
FERNAND, à la marquise.
C'est fait!... Je signe.
LA MARQUISE.
Et moi, je mets l'adresse.
(Écrivant.)
« Au général vicomte de Marcy... »
FERNAND, se levant.
Que dites-vous!
LA MARQUISE, sans s'émouvoir.
Cela vous intéresse?
FERNAND.
Mais c'est mon oncle, à qui j'écris aussi!

ENSEMBLE.

FERNAND, à part.
Étrange mystère!
Est-ce une chimère
Qui trompe mon cœur?
N'est-ce pas un songe,
Dont le doux mensonge
Berce mon erreur.
LA MARQUISE, à part.
Pour lui, ce mystère,
Semble une chimère
Qui trompe son cœur ;
Il croit faire un songe
Dont le doux mensonge
Berce son erreur.
FERNAND.
Il s'agit, disiez-vous, d'un prochain mariage?
Mon oncle aussi m'attendait pour cela.
LA MARQUISE, lui présentant sa lettre.
Eh bien, monsieur, chargez-vous du message.

FERNAND.
Oui!... mais le mien, qui le lui portera?
LA MARQUISE.
Remettez-les tous deux ensemble.
FERNAND.
Le vôtre... oui, mais pas le mien.
LA MARQUISE, tendant sa lettre.
Eh bien! changeons... Que vous en semble?...
FERNAND.
C'est un moyen,
Je le veux bien.
LA MARQUISE.
Voici le mien.
FERNAND.
Voici le mien.
(Ils échangent leurs lettres.)

ENSEMBLE.

FERNAND.
Étrange mystère! etc.
LA MARQUISE.
Pour lui, ce mystère, etc.
FERNAND.
Remettez-lui ce que je n'ose dire.
LA MARQUISE.
Portez-lui donc ce que dicta mon cœur.
FERNAND.
Mais, par pitié, madame, veuillez lire.
LA MARQUISE.
Pendant ce temps, lisez... j'aurai moins peur.
(Chacun lit la lettre de l'autre, pendant que l'orchestre répète le motif des lettres.)
FERNAND, après avoir lu.
Ah! qu'ai-je vu!... Faites-moi grâce!
Pardon!.. Je tombe à vos genoux...
LA MARQUISE, lui montrant la pendule.
Du rendez-vous l'heure se passe,
Partons, monsieur... Relevez-vous.

FERNAND.
De bonheur mon âme est ravie!
Partons!
LA MARQUISE.
Et ma bourse, monsieur?
FERNAND, la lui rendant.
Mais, en échange, hélas!
LA MARQUISE, lui donnant sa main.
A vous ma vie!
FERNAND.
C'est le bonheur.

REPRISE DE L'ENSEMBLE.

FERNAND.
Aimable mystère!
Charmante chimère
Qui trompa mon cœur :
Ce n'est plus un songe,
Dont le doux mensonge
Berça mon erreur!
LA MARQUISE.
Aimable mystère!
Charmante chimère
Qui trompa son cœur :
Ce n'est plus un songe,
Dont le doux mensonge
Berça son erreur.

FIN DE LA BOURSE OU LA VIE.

L'EAU DE JOUVENCE

COMÉDIE EN UN ACTE ET EN VERS

Représentée pour la première fois au château de M. le duc de Ratzivil.

PERSONNAGES

LA COMTESSE DE LARCY, 22 ans.
LE COMTE DURESNEL, son ancien tuteur, 45 ans.

La scène se passe à Paris, chez Duresnel.

L'EAU DE JOUVENCE

Salon : porte et fenêtres au fond ; porte latérale, les fenêtres donnent sur le jardin.

SCÈNE PREMIÈRE.

DURESNEL, en robe de chambre, lisant une lettre.

« Mon cher petit tuteur... »
Son cher petit tuteur !... quelle grâce !... quel style !
Et comme c'est écrit !... c'est simple, c'est facile.
(Continuant.)
« Mon cher petit tuteur ; je vais à une heure, aux courses
« du Champ-de-Mars : Je compte vous arracher à votre
« vieux *Moniteur* et à votre vilaine robe de chambre, et j'ai
« parié avec votre beau neveu Gaston, qui nous escortera à
« cheval, que j'irais vous enlever chez vous et que je vous
« forcerais à accepter la meilleure place dans la calèche de
« votre très-affectueuse ex-pupille.

Comtesse LÉONIDE DE LARCY. »

(Il réfléchit... puis se met à sourire.)
Au total, pourquoi pas ?... Elle est veuve à vingt ans,
Elle connaît mes goûts, mon cœur... depuis longtemps ;
Je suis riche, elle aussi ; je suis encore d'âge
A pouvoir, sans trembler, risquer le mariage,
Et je ne vois pas trop que l'offre de ma main
Doive être, en ce moment, reçue avec dédain...

Mon âge... oui, c'est vrai !... Mais j'ai l'expérience,
Le calme, la raison et surtout la prudence :
C'est une garantie et, loin d'être un défaut,
Le passé, selon moi, répond de ce qu'on vaut.
Je ne m'abuse point : Elle est jeune et charmante,
Que ne l'est-elle moins ?... c'est ce qui m'épouvante,
Car véritablement, je ne suis pas de ceux
A qui l'amour a mis un bandeau sur les yeux ;
Qui, vieillards par les ans, enfants par la folie,
Traînent péniblement la chaîne qui les lie
Et pensent qu'avec l'or on peut gagner un cœur,
Comme si l'on pouvait acheter le bonheur !...
Non... Je me connais mieux et, loin que je m'abuse
Je suis sans passion et c'est là mon excuse :
Mon aurore est passée... Il est triste, le soir,
De marcher seul, sans but, sans force, sans espoir,
De gravir, isolé, la dernière colline
Vers laquelle à pas lents, la vieillesse chemine,
Et je voudrais donner au pauvre voyageur
Un appui pour son bras, un soutien pour son cœur.

SCÈNE II.

LÉONIDE, DURESNEL.

LÉONIDE, en toilette très-élégante.

Ah !... pardon, cher tuteur... je vous ai fait attendre ?...

DURESNEL, lui offrant un siége.

A vos ordres toujours je suis prêt à me rendre.

LÉONIDE.

Mes ordres !... c'est charmant !...

DURESNEL.

                      Cela vous est bien dû.

LÉONIDE, s'asseyant

Au fait, c'est un prêté, je crois, pour un rendu,
Vous m'avez quelque peu tenue en servitude.

DURESNEL.

Ah ! j'avais d'obéir une douce habitude ;

J'étais le plus soumis de tous vos serviteurs.

LÉONIDE.

Et c'est vrai : Vous étiez l'idéal des tuteurs...
Mais un peu grâce à moi... quand je n'étais pas libre,
J'ai toujours, malgré vous, maintenu l'équilibre ;
Si bien que, lorsque j'eus atteint mes dix-sept ans,
On dût m'émanciper... De fait, il était temps !
J'allais m'émanciper toute seule.

DURESNEL, s'asseyant.

     Charmante !...

LÉONIDE.

Un instant seulement, je fus obéissante :
Je n'ai, vous le savez, cédé que cette fois,
Et l'on me maria sans consulter mon choix...
Aussi, je vous promets qu'en cas de mariage,
J'aurai, pour me guider, un conseiller plus sage.

DURESNEL.

Vous trouverez toujours l'ami dans le tuteur.

LÉONIDE.

Oui... Mais j'ai mieux encor.

DURESNEL.

    Et quoi donc ?

LÉONIDE.

        C'est mon cœur :
Le bonheur est semblable à la fleur que l'on sème ;
Il faut pour en jouir, la cultiver soi-même
Et ne jamais laisser, quand on la voit fleurir,
A d'autres qu'à soi seul le soin de la cueillir...
Puis, à quoi servirait aujourd'hui d'être veuve,
Jeune, riche ?...

DURESNEL.

   Et jolie.

LÉONIDE.

     Oh ! la raison est neuve.
Mon Dieu ! tant de flatteurs m'ont fait ce compliment...

DURESNEL.

Que vous pouvez fort bien y croire aveuglément.

LÉONIDE.

Eh bien !... raison de plus... et tout cela, je pense,
Doit me fortifier dans mon indépendance :
Les leçons du passé servent à l'avenir;
Celui qui me plairait je saurais le choisir
Moi-même.

DURESNEL.

C'est de droit.

LÉONIDE.

Vous goûtez mon système ?

DURESNEL.

Et je l'approuve fort... En se guidant soi-même.
On découvre plus loin dans son propre horizon...
Il en est, dont l'esprit conduit par la raison
N'a point à redouter d'erreur involontaire :
Leur cœur seul parlerait qu'elles le feraient taire :
Elles ont de l'hymen saisi le bon côté :
Au lieu de se choisir quelque jeune éventé,
Beau, bien fait, plein de feu !... Mais n'ayant en partage
Qu'un amour qui s'éteint bien vite au mariage,
On leur trouve, au contraire, un mari dont le cœur
A calmé dès longtemps sa trop bouillante ardeur ;
Qui, sage, raisonnable et plein d'expérience,
Au soleil de la vie a mûri sa prudence,
Un guide... et plus encor... un protecteur réel
Riche d'affection...

LÉONIDE.

Et d'amour paternel !

DURESNEL, à part.

Je crois qu'elle a compris ce que je voulais dire !

LÉONIDE, de même.

Je crois savoir pourquoi le cher tuteur soupire !

DURESNEL.

Eh bien ! oui, paternel... et n'est-ce pas pitié
De voir comme, aujourd'hui, chacun est marié ?...
On a quinze à vingt ans; on est fraîche et jolie ;
On a fort peu d'argent et beaucoup de folie ;
On rencontre, un beau jour, un autre jeune fou,

Dont le cœur prend soudain... comme de l'amadou ;
On s'aime... à ce qu'on croit... En faut-il d'avantage ?
Un coup d'œil a tout fait !... Voilà le mariage !
LÉONIDE.
A propos, cher tuteur, avez-vous vu Gaston ?
DURESNEL, à part.
Ah ! diable !...
(Haut.) Qui cela ? mon neveu ?.., ma foi non.
LÉONIDE.
Eh bien ! je vous apprends, monsieur, qu'il est malade.
DURESNEL, avec gaieté.
Il ne peut, à cheval, suivre la promenade ?
LÉONIDE.
C'est ce que j'ai pensé.
DURESNEL.
C'est fort aimable à vous...
(A part.)
De cette façon-là nous serons entre nous.
LÉONIDE.
Aussi, pour mieux lever l'obstacle qui l'empêche
Il prendra votre place au fond de la calèche...
DURESNEL.
Et moi ?...
LÉONIDE.
Sur son cheval, un bai délicieux
Qui va comme le vent, quoique un peu vicieux
Vous nous escorterez.
DURESNEL.
Pas de plaisanterie !
LÉONIDE.
Je ne plaisante pas.
DURESNEL.
Raisonnons, je vous prie :
Je n'ai pas le projet de me rompre le cou
Et de courir la poste, ainsi qu'un jeune fou.
LÉONIDE.
Ah ! mon Dieu !... mais c'est vrai : j'oubliais qu'à votre âge

DURESNEL, à part.

Bon!... voici que déjà je perds mon avantage!
(Haut.)
Mais non : je ne crains pas les chevaux un peu vifs ;
J'en ai monté jadis qui passaient pour rétifs
Et certe! il me souvient qu'en dix-huit cent vingt-quatre,
Un étalon fougueux fut forcé d'en rabattre :
Avec monsieur Dabzac j'ai fait le carrousel
Et l'on peut lui parler du comte Duresnel,
Il m'estimait très-fort.

LÉONIDE, riant.

En dix-huit cent vingt-quatre !

DURESNEL, à part.

Peste!... je me fourvoie!...

LÉONIDE.

Aussi, sans plus débattre,
Tout bien considéré, je renonce au projet.

DURESNEL.

Gaston fera bien mieux de rester en effet :
Malade comme il l'est...

LÉONIDE.

Oh! non pas : au contraire,
Cette distraction lui sera salutaire :
Il lui faut un air pur, sans trop de mouvement ;
Ma voiture est très-douce... Avec lui seulement,
J'irai... Vous resterez.

DURESNEL.

Seuls?... Mais la bienséance!...

LÉONIDE.

Eh quoi!... c'est mon cousin, c'est mon ami d'enfance,
Et je suis, en cela, vos exhortations...
Vous souvient-il, tuteur, de nos discussions...
Quand nous étions enfants?... Vous preniez l'air sévère,
En disant : — « Un cousin, c'est comme un second frère,
« Qu'on doit, mademoiselle, aimer de tout son cœur... »
Quel mal à ce qu'un frère accompagne sa sœur ?

DURESNEL.

Certainement!... d'ailleurs... Eh! mais, qui donc m'empêche

De monter à cheval, d'escorter la calèche?
Je trouve à galoper un plaisir sans égal;
C'est une passion chez moi que le cheval;
Le mouvement me plaît, la course me repose,
Et, depuis fort longtemps déjà, je me propose
D'être votre écuyer, si vous le voulez bien.
  (A part.)
Je m'y romprai les os; mais cela n'y fait rien.
    LÉONIDE.
Oh? c'est vraiment trop loin pousser la complaisance.
   DURESNEL, très-vite.
Comment donc!... aujourd'hui, si j'en crois l'apparence,
Les courses produiront un admirable effet...
L'entrée est de trois cents, avec moitié forfait,
La distance deux tours... *Club-Stick* avec *Tomate*,
Sont engagés, dit-on, contre *Hunter* et *Pirate*.
On parle d'une poule élevée à cinq cents,
D'un steeple-chase monstre et des plus ravissants,
Et le tout couronné, pour terminer la fête,
D'un handicap qui doit, à ce que l'on répète,
Amener sur le turf tout ce que nos sportmen
Comptent de fashion parmi nos gentlemen...
  (A part.)
Ouf!!
    LÉONIDE.
Eh! mais, cher tuteur, quelle métamorphose!
On a dû vous donner des leçons, je suppose;
Vous voici, tout d'abord, pour votre coup d'essai,
De force à tenir tête au plus fameux jockey.
    DURESNEL.
C'est que, pour nous former, la femme est un grand maître;
Un mot suffit souvent pour changer tout notre être;
Ne vous étonnez pas si j'ai compris ce mot :
Quand vous parlez, mon cœur obéit aussitôt.
    LÉONIDE.
Eh bien! prouvez-le donc... Vous voyez, je suis prête,
Et vous ne songez point encor à faire de toilette.

DURESNEL, se levant.

C'est juste.

LÉONIDE.

Un négligé pareil est un peu sans façons,
Et je dois, cher tuteur, vous donner des leçons;
C'est bien le moins, je crois, que j'en tente l'épreuve.
Vous n'êtes qu'un garçon et je suis déjà veuve;
Il est bien évident, — avouez-le entre nous,
Que j'ai, par ce seul fait, plus de raison que vous...
Donc, j'ai droit de conseil.

DURESNEL, riant.

Comment donc!

LÉONIDE.

Et j'en use...

DURESNEL.

Ravissante gaîté!

LÉONIDE.

Je n'admets pas d'excuse :
Et d'abord à dater d'aujourd'hui, samedi,
Plus de robe de chambre.

DURESNEL.

Eh quoi!

LÉONIDE.

Passé midi...
J'admets la redingote et la botte vernie
Jusqu'au dîner.

DURESNEL, riant.

Ah! mais... c'est de la tyrannie!

LÉONIDE.

Et j'exige, Monsieur, pour huit heures du soir,
Cravate et gilet blancs, bas de soie, habit noir.
Je n'en rabattrai rien.

DURESNEL.

J'y perdrais ma journée!...

LÉONIDE.

Quoi!... pendant dix-sept ans, vous m'avez condamnée
A la robe montante... et vous trouvez mauvais
Que j'aie enfin mon tour!... Ah!...

DURESNEL.
Je ne dis pas... mais...
LÉONIDE.
Pour votre ameublement, il est tout à refaire;
Oh! rien n'est plus facile et j'en fais mon affaire :
Avec vingt mille francs cela peut être bien.
DURESNEL.
Vingt mille !...
LÉONIDE.
Maintenant on donne tout pour rien.
DURESNEL, prenant du tabac.
C'est possible... pourtant...
LÉONIDE, prenant sa tabatière.
Quant à la tabatière,
Oh! nous lui déclarons impitoyable guerre;
Point de merci pour elle... Un gentleman !...
DURESNEL, voulant la reprendre.
Mais non !
LÉONIDE.
Ah! c'est trop insister.
DURESNEL.
L'habitude.
LÉONIDE.
Fi donc !
Tenez... j'aimerais mieux divorcer, sur mon âme!
Que de souffrir cela, si j'étais votre femme.
DURESNEL.
Vous aimeriez donc mieux le cigare?
LÉONIDE.
Plutôt !
C'est reçu... du Rond-point à la porte Maillot.
DURESNEL.
Bon! Je n'ai jamais pu supporter le cigare...
LÉONIDE.
Vous prendez des leçons : Oh! je vous le déclare,
Votre éducation est à recommencer.
DURESNEL.
Mais je crois qu'à mon âge il faut y renoncer.

LÉONIDE.

Eh!... ne dirait-on pas, vraiment, à vous entendre
Que vous ayez cent ans?

DURESNEL.

Je veux dire...

LÉONIDE.

A bien prendre,
On a l'âge, après tout, que l'on paraît avoir...

DURESNEL.

Oh! vous savez trop bien quel est votre pouvoir ;
Vos désirs sont des lois, ma chère Léonide :
Fus-je jamais pour vous un tuteur si rigide?
Quand vous disiez. — Je veux... me vit-on hésiter?

LÉONIDE.

Non!... mais vous commencez déjà par résister.

DURESNEL, se disposant à sortir.

Résister!... Ah! je cours, je vole à l'instant même.

LÉONIDE.

A la bonne heure!... Au moins, voilà comme on vous aime.

DURESNEL, à part.

Elle m'aime!...

(Haut.)

Parlez, ordonnez, me voici.

LÉONIDE.

Allez vous habiller, je vous attends ici.

DURESNEL.

J'y vais.

LÉONIDE, le rappelant.

Ah! cher tuteur, et pendant que j'y pense ..
Mais j'abuse, je crois, de votre patience?

DURESNEL.

Allons donc!

LÉONIDE.

On m'a dit que ce soir, l'Opéra...
— Et n'allez pas surtout crier sur ce mot-là —
L'Opéra m'a-t-on dit, pour cette nuit annonce
Son dernier bal masqué... Je vois votre réponse,
Mais voilà bien dix ans que j'attends ce plaisir

Et je veux satisfaire enfin ce long désir.
DURESNEL.
Quoi !
LÉONIDE.
Ce sera charmant... et j'ai compté d'avance
Sur ce bras pour guider mon inexpérience;
Et de plus, cher tuteur, sur votre habileté
Pour m'avoir une loge.
DURESNEL.
Une loge !
LÉONIDE.
Adopté !
DURESNEL.
Un bal de l'Opéra ! Ce n'est pas votre place,
Mais vous ne songez pas à tout ce qui s'y passe,
Et chacun vous dira...
LÉONIDE.
Que c'est resplendissant !
Un coup d'œil admirable, un luxe ravissant :
Et puis c'est un caprice. Un caprice de femme
Est chose respectable, et celui qui le blâme,
Fût-il père, mari, fût-il même tuteur
Se pose par le fait en rigide censeur.
DURESNEL.
En effet... à bien voir... d'ailleurs, je vous assure...
LÉONIDE.
Très-bien ! vous comprenez... Prenez donc ma voiture
Courez à l'Opéra retirer le coupon,
Une loge de face, on voit mieux dans le fond;
Puis, de là, demandez des croquis de costume :
Un domino pour moi suffira, je présume,
Mais il faudrait pour vous quelque déguisement
Et je veux vous choisir un costume charmant.
DURESNEL.
Qui ! moi, me déguiser?
LÉONIDE.
Il serait trop facile
En voyant le tuteur, de nommer la pupille.

DURESNEL.

Ah! pour ceci...

LÉONIDE.

J'ai tort?.., Eh bien! tuteur, pardon :
Prenez que rien n'est dit... J'en chargerai Gaston.

DURESNEL, vivement,

Pas du tout!... Au contraire et... l'idée est charmante,
Le projet me sourit.

LÉONIDE.

Moi de même : il m'enchante.
Mon goût avec le vôtre est toujours assorti...
Eh bien! Qu'attendez-vous?... Vous n'êtes pas parti?
Il est une heure un quart.

DURESNEL.

Je cours sans plus attendre.

LÉONIDE, le rappelant.

Ah! passez chez Gaston.

DURESNEL.

Pourquoi?

LÉONIDE.

Mais pour le prendre.
Je vous attends tous deux... A bientôt, cher tuteur.

DURESNEL, à part.

J'ai gouverné sans crainte et j'abdique... avec peur !

(Il sort par la porte latérale.)

SCÈNE III.

LÉONIDE, seule. Elle retire son chapeau.

Ah! mon cher prétendant, vous voulez à votre âge
Essayer de goûter aux fruits du mariage ;
C'est moi que votre cœur choisit pour les cueillir...
Eh bien!... Nous allons voir : je vais vous en offrir...
Et pourtant, après tout, c'est un excellent homme;
Il m'aime tendrement et je l'estime, en somme,
Est-il bien généreux de le combattre ainsi?...
Qu'importe?... cher tuteur, retenez bien ceci :

L'EAU DE JOUVENCE.

Jamais votre pupille, agissant à sa guise,
N'aura d'autre mari, quoi qu'on fasse et qu'on dise,
Que celui qu'elle-même elle se choisira,
Et, pour être plus libre, elle l'acceptera,
Seule, sans autre avis, sans conseil de famille,
Sans tuteur qui viendra mettre son apostille,
Sans jugement d'arbitre et sans dire d'experts...
Elle ne voudra point l'entremise d'un tiers
Pour jouer, sur un mot, sa liberté chérie;
Et dût-on se moquer de sa bizarrerie,
Elle prétend gérer ses affaires de cœur,
Et ne jamais subir les chances d'un bonheur
Par ordre .. Pour Gaston, que si fort il redoute,
Il est jeune, charmant, il me plairait sans doute,
Il a beaucoup d'esprit, mais au dépens du cœur :
Il cherche le plaisir; moi je veux le bonheur,
Et je comprends fort peu cette étrange existence
Que ballotte, à son gré, le vent de l'inconstance :
Faire du jour la nuit, et de la nuit le jour,
Boire, manger, jouer et danser tour à tour,
Paraître au boulevard, au Bois, aux Tuileries,
Mener de front par mois trente galanteries,
Tromper de pauvres cœurs... qui le lui rendent bien,
Se battre à tout propos pour un mot, pour un rien,
Toujours prêt à finir quelque folle équipée
Avec le pistolet ou bien avec l'épée;
Gaspiller son argent, son temps et son esprit,
Puis dormir sans sommeil, manger sans appétit,
Mettre tout son honneur à paraître bizarre,
Et ne jamais sortir qu'armé d'un long cigare;
Méditer tout un jour sur un vernis nouveau,
Sur la forme d'un col, d'un gilet, d'un chapeau,
Courir, papillonner, passer enfin... que sais-je?
Du club au lansquenet et du tir au manége,
Hasarder sa fortune, et plus tard son honneur,
Sur un valet de pique ou sur un roi de cœur;
S'ennuyer à mourir, sans en savoir la cause
Et puis tromper le temps, pour tromper quelque chose...

Voilà ce qu'ici-bas il nomme le plaisir,
Et ce dont à coup sûr je ne saurais jouir.
De mon premier hymen j'ai gardé souvenance ;
J'agirai, désormais, avec plus de prudence
Et ne riquerai point, lorsque j'en ai le choix,
Mon bonheur d'aujourd'hui, pour celui d'autrefois...
On dit, qu'en général, on fait fort bon ménage
En prenant un mari déjà d'un certain âge :
Qui sait ? Mieux que l'amour, le respect filial
Est peut-être, à bien voir, le bonheur idéal...
Cette sécurité, premier besoin de l'âme,
Ce calme, cette paix suffisent à la femme ;
Cet amour paternel, dont parlait mon tuteur,
S'il pouvait en effet satisfaire le cœur ?...
Ce doit être un ciel pur sans beaucoup de nuages,
Sans soleil bien ardent, mais aussi sans orages...
Bah ! qu'importe après tout ?... Cela peut être vrai ;
Mais je n'en suis pas là : plus tard j'y songerai.

SCÈNE IV.

DURESNEL, LÉONIDE.

DURESNEL, en tenue élégante.

Me voici prêt ; je pars.

LÉONIDE.

Ah ! charmante toilette !
Plus j'examine, vrai !... la tenue est parfaite...
Mais ce n'est pas trop mal pour le commencement,
Et vous serez bientôt un cavalier charmant ;
Enfin, vous écoutez les conseils qu'on vous donne.

DURESNEL.

Ne l'ai-je pas promis ?... A vous je m'abandonne ;
Trop heureux de garder, vaincu par vos discours,
Le seul droit d'obéir et de céder toujours.

LÉONIDE.

Ne vous y trompez pas : Le vrai bonheur du sage

N'est qu'une question d'empire et de servage :
Le secret d'être heureux tient souvent à cela...
Et... tenez, cher tuteur, voyons... mettez-vous là...
Je suppose, un instant, que je sois votre femme...

DURESNEL, s'asseyant.

Parlez... Je vous écoute et de toute mon âme!

LÉONIDE, s'asseyant près de lui. — A part.

Voyons si jusqu'au bout, il goûte un tel bonheur...
(Haut.)
D'abord je vous dirais : Est-il bien vrai, monsieur,
Que vous ayez à vous cent mille francs de rente ?

DURESNEL.

Vous me flattez beaucoup : Admettons-en soixante.

LÉONIDE.

Soit !... Eh bien, je m'étonne avec juste raison,
Que vous n'ayez ni gens, ni chevaux, ni maison,
Et que vous souffriez qu'une femme bien née
A vivre sans plaisir se trouve condamnée,
Puisque vous la laissez sans égard ni pitié,
L'été comme l'hiver aller toujours à pié...
J'exige une voiture...

DURESNEL, riant.

Oui certe! A l'instant même.

LÉONIDE.

Très-bien !... Vous comprenez, je le vois, mon système...
Oh ! mais, ce n'est pas tout... Du bonheur conjugal
L'éternel tête-à-tête est le plus grand rival;
C'est se voir bien souvent que de se voir sans cesse,
Et la haine, parfois, naît de trop de tendresse.
L'amour même, l'amour sans la variété
Ressemble, il faut le dire, à ces longs soirs d'été
Dont on aime l'azur et les splendeurs sans voiles;
Mais on finit toujours par dormir aux étoiles,
Et par trouver l'ennui dans la satiété :
C'est un mal inhérent à la fragilité;
Il faut au cœur humain des passions nouvelles,
Il digère assez mal les choses éternelles,
Et comme a dit, je crois, un poëte vanté :

« L'ennui naquit un jour de l'uniformité. »

DURESNEL.

Eh bien ?

LÉONIDE.

Eh bien, pour fuir ce mal, ce spleen de l'âme,
(Toujours dans l'hypothèse où je suis votre femme),
Je veux, un jour au moins, ma loge à l'Opéra
Pour récréer mes yeux.

DURESNEL.

C'est fort juste, cela !

LÉONIDE.

Une aux Italiens, pour charmer mon oreille :

DURESNEL.

J'adore Rossini : Cela tombe à merveille !

LÉONIDE.

Puis, comme il faut aussi que l'âme ait son bonheur,
J'en veux une au Français, pour l'esprit et le cœur.

DURESNEL.

Bien !

LÉONIDE.

Et comme après tout, il faut de la justice,
Et qu'un mari si bon mérite un sacrifice...

DURESNEL.

Non !... Pas de sacrifice !

LÉONIDE.

Ah ! il en faut un peu :
Vous aimez, je le sais, votre cher coin du feu ;
La vie intérieure a pour vous mille charmes...
Mon Dieu ! c'est naturel : j'en conçois peu d'alarmes,
Chacun a son idée... Eh bien, sans grands efforts,
Je renonce parfois aux plaisirs du dehors...

DURESNEL.

Quoi !

LÉONIDE.

J'embellis pour vous ma chère solitude !
Je demeure chez moi.

DURESNEL.

C'est de la servitude !

Non, je ne le veux pas!
LÉONIDE.
Très-bien! c'est un des cas
Où le mari peut dire aussi : Je ne veux pas...
Mais il est un moyen d'arranger l'un et l'autre ;
On peut concilier mon goût avec le vôtre ;
Ce soir-là, mes salons se peuplent, se font beaux,
Mille feux lumineux jaillissent des flambeaux;
Le faubourg Saint-Germain nous donne ses duchesses,
Le Roule, ses marquis, ses barons, ses comtesses,
Et le quartier d'Antin, pour être financier,
N'a pas moins de beautés qu'on doive apprécier ;
Nous voyons tout le monde : et l'aristocratie,
Et la banque et la cour et la diplomatie ;
Tout cela confondu dans un même désir,
N'ayant d'autre drapeau que celui du plaisir.
Puis l'orchestre prélude : on causait, on se quitte ;
Chaque danseur soudain vers vous se précipite,
La valse vous entraîne en son rapide essor,
Et... l'on n'a pas fini qu'on recommence encor.
DURESNEL.
Mais, c'est un bal cela!
LÉONIDE.
Bal charmant, magnifique!
Avec tout son prestige et son coup-d'œil féerique :
C'est un bal, un vrai bal...
DURESNEL.
Mais oui..., je le vois bien.
LÉONIDE.
Un bal où vous n'aurez à vous mêler de rien.
DURESNEL.
De rien !
LÉONIDE.
Me croyez-vous le cœur asssez futile
Pour ne point vous donner un plaisir plus tranquille?
Vous n'avez plus, je sais, vos jambes de vingt ans,
Et, loin de vous forcer à ces éclats bruyants,
Je vois, sans me fâcher, que cherchant le silence,

Vous allez, loin du bruit, fuir notre turbulence...
Aussi dans un boudoir éloigné du salon,
Vous aurez votre wisth ou bien votre boston ;
Vous n'entendrez plus rien ; nulle voix indiscrète,
N'ira, soyez-en sûr, jusqu'en votre retraite,
Et nul ne blâmera vos paisibles bonheurs...
Pourvu que vos partners ne soient pas des danseurs.
DURESNEL, à part.
Diable ! la part me semble un peu bien négative !
LÉONIDE, à part.
Je crois qu'il a compris la douce expectative.
(Haut, se levant.)
Mais pardon, cher tuteur ; je rêve, car enfin,
Je parle comme si vous m'épousiez demain.
DURESNEL, se levant.
Oui..., puis en y pensant, vous vous dites sans doute
Que trop de fleurs encor poussent sur votre route,
Que la mienne est aride, et que vos vingt-deux ans
Craignent de marier l'hiver et le printemps.
LÉONIDE.
Oh ! non..., car après tout, la différence d'âge
Peut s'effacer bien vite au sein d'un bon ménage ;
A cela sans effort on peut remédier.
Il est mille moyens de le faire oublier...
Du côté de la femme et sans être légère,
Le droit d'être admirée et de chercher à plaire ;
De la soumission, sans mettre de côté,
Le privilége intact de son autorité ;
Beaucoup de dévoûment, sans trop de sacrifices ;
Jamais de volontés, mais parfois des caprices ;
De la ruse parfois, de l'adresse toujours,
Et puis... quelques baisers, pâture des amours...
DURESNEL, ironiquement.
Du côté du mari, beaucoup de déférence ;
De l'estime et surtout entière confiance.
De l'amour, juste assez pour n'être pas jaloux,
Un pouvoir sans limite et qui s'arrête à vous ;
Liberté d'ordonner sans que cela vous trouble ;

La clef du coffre-fort... dont vous avez un double;
Droit de vouloir... parfois; droit de céder... toujours;
Et pour tous deux enfin, pour finir ce discours,
Ces mille faux-semblants dont l'amour se defraie
Et qui sont ici bas la petite monnaie
 e ce trésor caché, qu'on nomme le bonheur;
Voilà comme il se fait que sans trop de frayeur,
On nous laisse le sceptre en gardant la couronne.
     LÉONIDE.
Mais le mari commande...
    DURESNEL.
     Oui... mais la femme ordonne...
     LÉONIDE.
C'est un juste partage! Il est très-naturel;
C'est purement l'état... constitutionnel.
    DURESNEL, gravement.
Avec tous ses abus, avec ses impuissances,
Son opposition et puis ses défiances;
Avec ses grands complots et ses petits combats,
Avec son roi qui règne et ne gouverne pas...
Charmante monarchie où le peuple lui-même,
Finit par abdiquer l'autorité suprême,
Et trouve que souvent, ce qu'il nomme progrès,
Semble très-beau de loin et fort triste de près!
    LÉONIDE.
Triste? pas trop vraiment!
    DURESNEL.
    Ecoutez, Léonide...
(Et je suis un ami, plus qu'un tuteur rigide);
Comme vous êtes veuve et que je suis garçon,
Chacun de nous comprend la vie à sa façon :
Quand le soleil se couche il faut bien qu'il colore
Les objets autrement que ne le fait l'aurore.
Votre soleil se lève et le mien est bien bas :
Laissons-les donc marcher, ne les accusons pas...
Comme vous, quelquefois, rêvant à ma manière,
J'ai fait du mariage un plan imaginaire...
Tenez... mettez-vous là... supposons qu'un instant

Je sois votre mari... c'est peu compromettant ;
Cela n'engage rien, ce n'est qu'une hypothèse.
LÉONIDE, s'asseyant.
Et qui n'a vraiment rien en soi qui me déplaise.
DURESNEL, s'asseyant près d'elle
Et puis je me croirai rajeuni de vingt ans ;
Quand vient l'hiver, on aime à se croire au printemps...
(Après une pause.)
Eh bien ! je vous dirais : vous avez en partage
Toutes les qualités qui distinguent votre âge :
Et la grâce et l'esprit, la gaîté, la douceur,
La beauté du visage et la beauté du cœur ;
La vie est devant vous comme un joyeux parterre
Où Dieu mit tant de fleurs, qu'il ne nous laissa guère
Qu'un unique travail... celui de les choisir
Et d'étendre la main pour pouvoir les cueillir...
Il en est de ces fleurs comme de toutes choses ;
A votre âge, toujours, on préfère les roses :
Elles ont le parfum, l'éclat et la fraîcheur
Et je ne blâme point qu'on en aime la fleur...
Aimez-la donc : courez aux pentes des collines,
J'écarterai pour vous les gênantes épines ;
J'essaierai de vous suivre en ce glissant chemin
Où je pourrai marcher, si vous tenez ma main...
Puis, s'il advient qu'un jour, ce rapide voyage
Ait fatigué mes pas, bien plus que mon courage,
Si je reste en arrière... enfant, ne craignez point ;
Mon cœur saura vous suivre et vous aimer de loin.
LÉONIDE, plus sérieuse.
Oh ! croyez bien...
DURESNEL.
Je crois... tout ce qu'il faudrait croire :
Ce roman que je fais deviendrait de l'histoire...
Et puis, un jour... qui sait ?... Aussi lasse que moi,
Vous viendriez chercher le repos sous mon toit :
Je serais là debout, tout prêt à vous sourire,
Tout prêt à vous aimer, sans même vous le dire,
Et vous faisant asseoir à la place d'honneur,

Je vous dirais bien bas, comme parle le cœur :
Vous connaissez mon âge... Autant qu'il m'en souvienne,
J'étais déjà bien grand que vous marchiez à peine ;
Vous commencez la vie et je vais la finir,
Moi, je vis du passé... vous, vivez d'avenir :
Oh ! mais cet avenir, croyez-le bien ma fille,
Je veux qu'autour de vous, comme un soleil il brille ;
Qu'il éclaire mes yeux, qu'il réchauffe mon cœur,
Mais qu'il reporte au vôtre un rayon de bonheur :
Oui, cet espoir si doux que mon âme caresse,
Je veux que dans la vôtre il rayonne sans cesse ;
Je veux, quand je viendrai renaître auprès de vous,
Que l'ami puisse enfin faire oublier l'époux :
Alors avec le temps vous comprendrez peut-être
Que la joie est un bien que l'on peut me permettre :
Qui sait ?... Vous m'absoudrez d'avoir aimé si tard,
En voyant tant d'amour dans le cœur du vieillard.

LÉONIDE.

Oh !

DURESNEL.

Puis, j'ajouterais en lisant dans votre âme :
(Toujours en supposant que vous êtes ma femme !)
Vous m'estimez déjà, je le vois, j'en suis sûr ;
Eh bien !... ce sentiment, ce sentiment si pur
Qu'un peu de confiance entre nous à fait naître
Est une fleur aussi qui doit croître peut-être
Et se changer, un jour, en durable amitié...
L'estime est de l'amour la plus belle moitié.

LÉONIDE.

Cette estime, monsieur, vous l'avez tout entière.

DURESNEL.

Vous me diriez cela ?... Mon âme en serait fière...
Puis, au lieu de courir aux plaisirs du dehors,
Au lieu d'aller au loin chercher de faux trésors,
Je voudrais, sans briser notre légère chaîne,
Sans quitter ce royaume où vous seriez la reine,
Près de vous, près de moi, conduire le bonheur,
L'asseoir à vos côtés, dans votre intérieur,

Le fixer à vos pieds, le faire ainsi votre hôte...
Et, pour mieux éviter qu'un jaloux ne vous l'ôte,
Mon cœur se placerait au seuil de la maison
Pour en garder l'entrée...

LÉONIDE.

Oh ! vous avez raison !

(A part.)
Quel langage ? A ce point j'ai pu le méconnaître !

DURESNEL, gaiement, en se levant.

Mais voici le soleil qui rit à la fenêtre ;
Il nous dit que sans nous les courses vont finir...

(Regardant sa montre.)
Deux heures et demie !... il est temps de partir !

LÉONIDE, se levant.

Oh ! nous causions si bien !

DURESNEL.

Puis Gaston peut attendre.

LÉONIDE.

Qu'importe ?

DURESNEL, prenant son chapeau.

A l'Opéra je dois encore me rendre.

LÉONIDE.

Rien ne presse... plus tard...

DURESNEL.

Mais le bal de ce soir ?

LÉONIDE.

Non...

DURESNEL, allant à la porte.

Ce sera charmant : c'est un spectacle à voir.

LÉONIDE.

Eh bien, non ?... cent fois non !... Tout ce vain bruit du mond
M'apporte un sentiment de tristesse profonde...
Ces plaisirs n'ont laissé dans le fond de mon cœur
Que les déceptions d'un mirage trompeur :
Oui, mon plus vif désir après un si long rêve,
Est de voir aujourd'hui que le songe s'achève,
Et croyez, cher tuteur, que je vous aime trop
Pour ne pas regretter ce que j'ai dit tantôt.

DURESNEL, s'arrêtant à la porte.
Quoi donc?... Que vous aimez les plaisirs de votre âge?...
Mais vous pourriez encor les aimer davantage :
Lorsque j'avais vingt ans j'avais moins de raison ;
Près de vous, je perdrais à la comparaison.
(Il ouvre la fenêtre.)
Tenez !... Voyez le ciel... le temps est magnifique ;
Avril a revêtu sa parure magique ;
Tout Paris est dehors, et sur les boulevards
On ne voit que chevaux courant au champ de Mars ;
C'est un chaos charmant de brillants équipages,
De toilettes, de luxe et de riants visages ;
Et puis ce beau soleil qui veut chasser l'hiver,
Ce parfum du printemps qu'on devine dans l'air,
Tout cela vous enivre et j'ai cédé moi-même
A cet entraînement.

LÉONIDE, s'approchant
Ce noble stratagème
Ajoute à vos bontés un dévouement de plus ;
Soyez bon jusqu'au bout... surtout pas de refus ;
Souvenez-vous, monsieur, que j'ai votre promesse...
N'avez-vous pas juré de m'obéir sans cesse?...

DURESNEL.
Et c'est ce que je fais.

LÉONIDE.
« Le bonheur du ménage
N'est qu'une question d'empire ou de servage... »
Vous avez approuvé, quand tout à l'heure encor,
Je vous disais cela.

DURESNEL.
Mais je l'approuve fort.

LÉONIDE, passant son bras au sien.
Eh bien pour être heureux, essayons du système ;
Cédez à mon désir de vivre avec moi-même.

DURESNEL.
Quoi !... Vous voulez rester?... seule !

LÉONIDE.
Non... avec vous...

De tout ce faux éclat mon cœur est peu jaloux,
Chacun, selon nos goûts, nous rêvions l'un et l'autre :
Mon rêve, je le vois, ne valait pas le vôtre...
Ami, voici ma main... donnez-moi votre cœur :
A quoi bon le plaisir, puisque j'ai le bonheur ?

DURESNEL, lui prenant la main.

Enfant... Vous oubliez déjà quel est mon âge :
J'ai le double du vôtre... et même davantage...
Ah! si, comme autrefois, comme au beau siècle d'or,
Nous avions su garder le précieux trésor ;
Si nos pères, hélas n'avaient pas bu d'avance
Toute l'eau que donnait la source de Jouvence,
Le ciel m'en est témoin, avant qu'il fût longtemps
Vous verriez à vos pieds mon cœur... et mes vingt ans.

LÉONIDE, gaîment jusqu'à la fin.

Ah! fort bien!... Je comprends, maintenant, je devine...
Tuteur, ce n'est pas bien!... Plus je vous examine
Plus je vois qu'avec moi vous vous montrez discret...
Cette source... A quoi bon nous en faire un secret!
Vous l'avez retrouvée... elle est en vous je gage :
Ce cœur n'a pas vieilli, cet esprit n'a pas d'âge,
Cette âme est toujours jeune, et je vois bien pourquoi
Je vous trouve aujourd'hui de même âge que moi...

DURESNEL.

Mais !...

LÉONIDE.

Oh! pas d'égoïsme... à mon tour je réclame
Ma part de ce trésor... Songez que je suis femme ;
Que je veux pour vous plaire avoir toujours vingt ans...
L'âge que vous avez.. que vous aurez longtemps :
Laissez-moi, près de vous, abriter ma jeunesse
Et, pour que sans frayeur j'attende la vieillesse,
Puisque cette eau guérit d'un mal si redouté,
Faites-la donc entrer dans la communauté.

DURESNEL, hésitant, mais joyeux.

Nous faisons tous les deux peut-être une folie !
C'est vous qui le voulez ?...

LÉONIDE, avec coquetterie.
Vous en mourez d'envie.
DURESNEL, lui offrant le bras.
Allons au Champ-de-Mars.
LÉONIDE.
A la condition
Que ce soir en rentrant, je fais votre boston.

FIN DE L'EAU DE JOUVENCE.

MARIAGE EN POSTE

OPÉRA EN UN ACTE

MUSIQUE DE J.-B. WEKERLIN

Représenté pour la première fois à la salle Hertz.

PERSONNAGES

Le marquis de BOISCIVRY. . . . . MM. ARCHAIMBAUD.
Le comte EMERIC . . . . BIÉVAL.
ALICE. . . . . Mlle MIRA.

La scène se passe dans une auberge, sur la route de Bretagne.

MARIAGE EN POSTE

Salon : porte au fond et à gauche; table à écrire; fenêtres avec vue sur la campagne.

SCÈNE PREMIÈRE.

LE MARQUIS, ALICE, en costume de voyage.

LE MARQUIS, entrant par le fond.

Par la barbe de mes plus illustres aïeux ! voici une étrange auberge ! On entre à quatre chevaux de poste dans la cour toute grande ouverte, on descend de voiture, on traverse corridors, vestibules, antichambre... (Il s'assied.) On s'installe dans le grand salon ; car ceci doit s'intituler le grand salon... et personne pour vous recevoir, pas un visage à qui parler !... C'est donc le palais de la Belle-au-bois-dormant, ici ?...

ALICE, se débarrassant de son chapeau et de son par-dessus.

Un peu de patience, cher père; nous ne sommes pas au château et nous ne pouvons être servis dans une auberge de grand' route, comme si vous aviez tous vos gens à vos ordres.

LE MARQUIS.

Palsembleu ! je le vois bien : et cet hôtel du Grand-Cerf ressemble furieusement à une caverne de brigands, abandonnée.

ALICE.

Encore! Ah çà! mon père, avouez qu'il est heureux que je sois brave comme une fille de croisés : Vous voyez des brigands partout ; à chaque coin de route, vous préparez vos pistolets, et tout à l'heure encore, vous avez failli brûler la cervelle à un paisible cantonnier qui levait sa pioche pour laisser passer notre chaise de poste.

LE MARQUIS.

On ne saurait être trop prudent, ma fille : Les journaux sont pleins de faits qui légitiment mes précautions.

ALICE.

Les journaux sont remplis de voleurs, c'est vrai ; mais les grand'-routes sont plus sûres que leurs colonnes.

LE MARQUIS.

Ne t'y fie pas, et comme dit la ballade...

ALICE.

Il y a une ballade et vous ne prévenez pas les gens !... Voyons cela...

LE MARQUIS.

Sur la grand' route de Bretagne,
Jadis on voyait un château :
Il s'élevait sur la montagne,
Il était noir comme un tombeau !

ALICE.

Grand Dieu! c'est effrayant, mon père!
Et, dans ce château qu'a-t-on vu?

LE MARQUIS.

Voilà justement le mystère...
C'est que jamais on n'a rien su!

II

LE MARQUIS.

Un soir, quand la nuit était sombre,
Tout à l'entour du vieux château,
On entendit gémir dans l'ombre
Et la chouette et le corbeau!

ALICE.
Grand Dieu! c'est effrayant, mon père!...
Et dans cette nuit qu'a-t-on vu?
LE MARQUIS.
Voilà justement le mystère :
C'est que jamais on n'a rien su!

III

LE MARQUIS.
Mais ce qui prouve quelque chose,
C'est qu'à l'aspect du vieux manoir,
Chacun, quand la nuit était close,
Faisait sa prière du soir.
ALICE.
Vraiment!... mais au total, mon père,
En fin de compte, qu'a-t-on vu?...
LE MARQUIS.
Eh! mais... où serait le mystère,
Si jamais quelqu'un l'avait su!

ALICE.
Eh bien, franchement, c'est palpitant !...
LE MARQUIS.
Je te le disais bien... et pourvu que la cuisine ne soit pas dévalisée!... Je meurs de faim.
ALICE.
C'est votre faute aussi : Pourquoi quitter Paris à l'improviste?... On dirait vraiment que nous sommes des fugitifs... Ce matin, vous venez me réveiller dans mon meilleur sommeil : Vite! Alice, nous partons pour la Bretagne; il faut que demain nous soyons au château... Et voyez comme j'ai exécuté vos ordres : Je n'ai pas seulement pris le temps de faire un peu de toilette, et j'ai plutôt l'air de ma femme de chambre que de la fille du marquis de Boiscivry.
LE MARQUIS.
Tu es toujours charmante, mon Alice; ce négligé te sied à ravir, et sois sûre qu'un autre te le dira demain.
ALICE.
Un autre!...

LE MARQUIS.

C'est-à-dire... non... pas un autre !... où diable ai-je la tête ?... J'entends par là... je voulais dire... d'ailleurs... enfin, tu comprends !...

ALICE.

Je comprends ?... je comprends que vous me cachez quelque chose ; car depuis ce matin, voici dix fois que vous vous donnez des démentis à vous-même... et, tenez, cher père, voulez-vous que je vous tire d'embarras ?...

LE MARQUIS.

D'embarras !... (A part.) Est-ce qu'elle se douterait ?...

ALICE.

Il y a un mari sous roche !

LE MARQUIS.

Ah ! le petit serpent !... c'est que c'est vrai, ma foi !... j'aime mieux ça, le secret me pesait !...

ALICE.

Fi ! que c'est vilain de mentir à sa fille !... de tromper sa petite Alice... Eh bien, pour vous punir, moi je vous déclare que je ne veux pas me marier.

LE MARQUIS.

Un parti magnifique !... je t'y forcerai plutôt.

ALICE.

Bah ! vous me gâtez... avec un sourire je vous mets à mes genoux ; avec une larme je vous mettrais sur mon cœur... Je suis tranquille, je n'ai pas peur... et je ne ferai que ce que je voudrai.

LE MARQUIS.

C'est encore vrai ! est-ce bête de gâter les filles !...

ALICE.

Marier les gens sans crier gare !... Oh !... non pas... ne m'en parlez plus... (Souriant.) Et... est-il jeune ?...

LE MARQUIS.

Vingt-cinq ans.

ALICE.

Et ne pas prévenir, encore !... C'est ce que nous verrons !... (Même jeu.) Et... est-ce qu'il est brun ?

LE MARQUIS.

A vrai dire, je n'en sais rien : il doit être brun, à moins qu'il ne soit blond.

ALICE.

Voilà qui est trop fort !... vous ne l'avez pas vu ?... je n'achèterais pas une robe de bal sans connaître sa couleur, et vous croyez que je vais prendre un mari, sans en avoir apprécié la nuance !... ah !

LE MARQUIS.

Mais, ma pauvre enfant... qu'est-ce que tu dis là ?

> Si les maris sont une étoffe
> Qu'on regarde avant d'acheter,
> On verra la plus philosophe
> Réfléchir et puis hésiter...
> L'amour est semblable à la soie :
> Lorsque c'est neuf, tout est satin ;
> Mais hélas ! pour peu qu'on l'emploie...
> Le plus solide est mauvais teint.

ALICE.

Eh bien, alors, pourquoi donc me proposer un tel marché ?...

LE MARQUIS.

> Mais il se peut, qu'en mariage,
> On ait fait un très-bon marché ;
> Souvent, on s'aime davantage,
> Quand, deux à deux, l'on a marché ;
> L'amour est semblable à la soie...
> Le temps peut flétrir le satin ;
> Mais avec soin, lorsqu'on l'emploie,
> Le cœur jamais n'est mauvais teint.

ALICE.

Voilà qui est différent !... mais qui me répondra de celui-ci ?

LE MARQUIS.

On le dit charmant... Cinquante mille francs de rente, le titre de comte, et pardessus tout cela... il sera fou de sa femme.

ALICE, riant.

Ah!... j'adore la conclusion : fou, de qui? fou, de quoi? de sa femme qu'il n'a jamais vue !... Je ne veux pas qu'on m'aime sans me connaître d'abord... je refuse net!... Et... a-t-il de l'esprit, au moins?

LE MARQUIS.

Quant à cela... j'ai tous les renseignements : gentilhomme accompli, aimable, gracieux et spirituel au dernier degré... Seulement...

ALICE.

Ah!... il y a un seulement?... gare!...

LE MARQUIS.

Oh! un tout petit défaut... si c'en est un...

ALICE.

Les petits défauts sont comme les petits chiens : ce sont les plus hargneux et les plus difficiles à dresser... n'en parlons plus!... voyons le petit défaut.

LE MARQUIS.

Je me suis mal expliqué : j'entends par là... je veux dire qu'il a la manie de vouloir être aimé pour lui-même... et...

ALICE.

Et vous appelez cela un défaut?... dites que c'est une grande qualité... et c'est aussi la mienne.

LE MARQUIS.

Bah! Eh bien, alors, tu ne lui en voudras pas trop s'il exécute son plan, qui est de garder l'incognito, et de tâcher de se faire aimer, sans se nommer...

ALICE.

Tiens! tiens! tiens!... Ah! c'est là le petit défaut?... mais c'est gentil, ça!... comme dans les opéras-comiques! déguisé en jardinier fleuri, en berger trumeau pour moi, ou en chef de brigands... pour vous... ah! ah! ah!... c'est délicieux.

DUO.
ENSEMBLE.
ALICE.

Je trouve adorable
Un pareil moyen!

Il est admirable,
Quoiqu'il soit ancien :
Ce futur, je pense,
Doit être charmant;
Je le vois d'avance...
Il est ravissant!...
LE MARQUIS.
Elle est adorable!
Et par ce moyen,
La chose est faisable,
Oui, tout ira bien :
Le futur, je pense,
Paraîtra charmant.
J'en suis sûr d'avance...
Ah! c'est ravissant!...
ALICE.
D'ici je crois voir sa figure...
LE MARQUIS.
On dit qu'il est fort bien, vraiment!
ALICE.
Un doux regard, bonne tournure...
LE MARQUIS.
Bon ton! et costume élégant!
ALICE.
Il doit avoir un doux langage.
LE MARQUIS.
N'en doute pas : c'est de rigueur!
ALICE.
Pourtant, il est plein de courage!
LE MARQUIS.
Parbleu! c'est un homme de cœur.
ALICE.
Déjà, je voudrais le connaître,
Un tel portrait me semble beau.
LE MARQUIS.
Dans peu, ma chère, il va paraître,
Ce soir il arrive au château.
ALICE.
Ce soir?

LE MARQUIS.

Ce soir.

ALICE.

Eh quoi! si tôt!

REPRISE DE L'ENSEMBLE.

ALICE.

Je trouve adorable
Un pareil, etc.

LE MARQUIS.

Elle est adorable!
Et par ce, etc.

ALICE.

Comment, il arrive ce soir?

LE MARQUIS.

Une lettre que j'ai reçue ce matin me l'annonce, et c'est pour cela...

ALICE.

C'est pour cela que vous m'enlevez en chaise de poste, sans m'accorder le temps d'emporter seulement une robe présentable et une toilette...

LE MARQUIS.

Aussi fraîche que toi!... Mais, petite coquette, puisque je te dis qu'il ne faut pas avoir l'air de l'attendre; tu conçois donc bien que, s'il allait te trouver en grande tenue...

ALICE.

Ah! vous!... un ancien officier de la maison du roi!...

LE MARQUIS.

Eh bien! quel rapport?...

ALICE.

Comment! quel rapport?...

COUPLETS.

PREMIER COUPLET.

Lorsque vous étiez militaire,
Et qu'on annonçait le combat,
Vous preniez vos armes de guerre
Pour lutter avec plus d'éclat...

La femme, quels que soient ses charmes,
Doit craindre son futur mari;
C'est le moins qu'on soit sous les armes,
Lorsque s'avance l'ennemi.

DEUXIÈME COUPLET.

Parfois un aimable sourire
A su conquérir bien des cœurs,
Mais ce moyen-là, pour suffire,
A besoin de charmes vainqueurs.
Grâce et beauté, sourire et larmes
Passent vite aux yeux d'un mari :
Il est bon d'avoir d'autre armes
Pour enchaîner son ennemi.

LE MARQUIS.

Cher ange, sois tranquille... Il y a des soldats qui prennent les villes d'assaut, sans tirer un seul coup de fusil... tu peux vaincre, l'arme au bras... Ah! ça, mais personne ne vient! et pas une sonnette, rien pour appeler... Je déjeunerais pourtant volontiers... pour peu que cela dure, nous pouvons bien coucher ici, et je ne passerais pas volontiers la nuit dans ce coupe-gorge : qui sait?... puis, nous allons nous laisser devancer par ce cher comte d'Assainvillers...

ALICE.

Ah! il s'appelle le comte d'Assainvillers?

LE MARQUIS.

Est-ce que je ne te l'avais pas dit?

ALICE.

Vous ne dites rien : il faut vous arracher les mots... Et son petit nom, le savez-vous?... Je gage qu'il s'appelle Gaston ou peut être Arnold...

LE MARQUIS.

Tu n'y es pas... Il se nomme Émeric.

ALICE.

Émeric! Oh! le joli nom... Ce n'est pas celui de tout le monde... Le comte Émeric d'Assainvillers... La comtesse Emeric d'Assain... Ah! ça, mais mon père, décidément personne ne vient, et alors, nous ne sortirons jamais de cette affreuse auberge... je commence à craindre les voleurs aussi... (Elle prend son chapeau.) Si nous allions à la découverte ?... il faut être, ce soir, au château... C'est malhonnête de se faire attendre.

LE MARQUIS.

J'allais te le proposer ; voyons : nous finirons bien par trouver quelque vestige de civilisation dans ce désert.

ALICE.

Allons... Cherchons... comme Robinson dans son île...

(Ils sortent par la droite.)

SCÈNE II.

ÉMERIC, entrant par le fond, en costume de voyage.

Vivent les plaisirs du voyage !
Courir le monde est mon bonheur :
Rien ne me plairait davantage
Que le métier de voyageur !

Parti, dès l'aurore,
Sous un ciel d'azur,
L'horizon se dore
Dans le clair-obscur :
Les arbres verdissent
Aux bords des ruisseaux,
Où se refléchissent
Les toits des hameaux.
Au fond des vallées,
Les clochers pointus,
A toutes volées
Sonnent l'Angélus...
Sous les aubépines,
Les petits oiseaux
Chantent aux collines
Leurs refrains nouveaux...
On rêve, on écoute,
Et l'on voit parfois
Passer sur la route

MARIAGE EN POSTE.

     Un charmant minois.
     C'est quelque Myrtile
     En jupon coquet,
     Portant à la ville
     Ses œufs et son lait.
     Les postillons claquent,
     On court au galop ;
     Puis, les essieux craquent :
     On verse aussitôt...
       Sorti de voiture,
     On se tâte, on dit :
     Rien qu'une écorchure !...
     En route !... et l'on rit.
Vivent les plaisirs du voyage !
Courir le monde est mon bonheur ;
Rien ne me plairait davantage
Que le métier de voyageur !...
   (Il dépose son chapeau et son pardessus.)

Ah !... c'est égal ; j'ai vu le moment où chevaux, chaise de poste et postillon, sans m'excepter, roulions dans le ravin... Quelle chute ! Bah ! j'aurais dû m'y attendre, et, lorsqu'il s'agit de mariage, on doit être préparé à tous les périls... Me marier, moi !... c'est-à-dire pas moi !... c'est mon oncle qui m'inflige un bonheur par ordre et me condamne à l'amour forcé à perpétuité, avec injonction de me rendre, dans les vingt-quatre heures, au château de ma belle inconnue. Mais nous verrons bien... (Se tâtant le poignet.) Ah ! çà, mais... est-ce que je me serais cassé quelque chose ?... C'est étrange ! voici la seconde fois que j'éprouve là une sensation fort désagréable... Cela devient insupportable... C'est que la douleur augmente ! Tiens ! mais c'est très-enflé : décidément, je vais faire voir cela : Il y a bien ici un barbier, un chirurgien, un rebouteux quelconque... (Il appelle.) Garçon !... Je vais toujours comprimer l'enflure en attendant... Ah ! voici mon affaire. (Il prend une serviette qui est sur la table.) Il serait plaisant de me présenter à ma future avec un bras en écharpe !... blessé avant la bataille !... Ce serait piquant... (Il appelle.) Garçon !... garçon !... C'est donc l'Institution des sourds-muets, cet hôtel du Grand-Cerf !

SCÈNE III.

ALICE, ÉMERIC.

ALICE, entrant par la gauche. — A part.

Ah! enfin, voici quelqu'un de la maison... (Haut.) Monsieur.

ÉMERIC, à part.

Tiens! le garçon est une fille!... et gentille ma foi!... (Haut.) Dites-moi, ma belle enfant?...

ALICE, à part.

Sa belle enfant! il est familier.

ÉMERIC.

Ma voiture vient de verser au bas de la côte : j'en ai ri d'abord, parce que dans la culbute, je croyais n'avoir cassé qu'un essieu et un lorgnon...

ALICE.

Comment! Monsieur, vous étiez dans la voiture quand elle a versé?... Ah!... mon Dieu!...

ÉMERIC.

Parfaitement!

ALICE, à part.

Ah! le pauvre jeune homme!... et moi qui, avec sa serviette, le prenais pour...

ÉMERIC.

Et, ce qu'il y a de particulier, c'est que j'en suis sorti, sans que personne vînt m'ouvrir la portière...

ALICE.

Mais alors?...

ÉMERIC.

Alors?... j'ai monté la côte à pied, en fumant un cigare, et ce n'est qu'à l'instant que je m'aperçois que mon poignet pourrait bien être un peu comme mon essieu et mon lorgnon.

ALICE.

Et vous ne le dites pas tout de suite! mais monsieur, il faut appeler quelqu'un.

ÉMERIC.

C'est ce que je fais depuis un quart d'heure, et puisque vous voici...

ALICE.

Mais certainement : je cours à l'instant...

ÉMERIC, lui présentant la serviette.

Merci d'avance... mais, tenez, vous avez l'air si bon et si complaisant, que vous pourriez peut-être me serrer ceci autour du poignet en attendant... car je sens que la compression me soulagera.

ALICE, arrangeant son bras. — A part.

Il faut bien soulager son prochain.

DUETTO.

ALICE.

A ce métier j'ai peu d'expérience ;
Si je fais mal, il faudra m'avertir.

ÉMERIC.

Bien loin de là, voici déjà, je pense,
Que ma douleur me fait bien moins souffrir.

ALICE.

Tant mieux, monsieur !

ÉMERIC.

Mais la chose s'explique :
Main si jolie est le meilleur secours.

(Il veut lui prendre la main.)

ENSEMBLE.

ALICE, mettant une épingle.

Restez en paix, monsieur, ou je vous pique ;
Je ne puis rien, si vous bougez toujours.

ÉMERIC.

Je reste en paix, voyez, point ne réplique :
Si vous voulez, j'y resterai toujours.

II

ÉMERIC.

me soumets ; j'obéis en silence.

ALICE.

!... c'est fini... du moins en attendant...

ÉMERIC, voulant lui prendre la main.

Ah! permettez à ma reconnaissance...

ALICE, reculant.

Mais tout le monde en aurait fait autant.

ÉMERIC.

Moi, je bénis la charmante aventure,
Qui m'a valu si précieux secours.

ENSEMBLE.

ALICE.

Restez en paix... Jamais votre blessure
Ne guérira si vous bougez toujours.

ÉMERIC.

Je reste en paix, et garde ma blessure,
Si, près de moi, vous demeurez toujours.

ALICE, à part.

Il est original!

ÉMERIC.

Ah! ah! ah!... Je ris encore de la figure de ce brave postillon se débattant au milieu de ses bottes fortes!... et John du fond de ses coussins : M. le comte!... M. Éméric!... au secours!... (Riant.) Ah! ah! ah!

ALICE, à part.

Le comte!... Éméric!... ah! mon Dieu!...

ÉMERIC.

Heureusement, personne de blessé... que votre serviteur... et j'aime mieux ça : je n'aime pas les souffrances chez les autres; je préfère les garder pour moi seul... c'est de l'égoïsme, mais!

ALICE.

Mais c'est celui d'un bon cœur.

ÉMERIC.

Vrai?... Eh bien, tant mieux! Et puis, cela va peut-être légitimer un retard dans mon voyage.

ALICE.

Ah!... et... vous n'êtes pas pressé!...

ÉMERIC.

Je crois bien! Jugez-en vous-même. Tel que vous me

voyez, je suis un condamné qui marche à quelque chose comme le supplice.

ALICE.

Que dites-vous?

ÉMERIC.

Je me dirige vers un mariage!

ALICE.

Vers un mariage. (A part.) C'est lui!

ÉMERIC.

Sans appel, et le recours en grâce rejeté!

ALICE, à part.

Cela devient piquant. (Haut.) Et la femme qu'on vous... inflige n'a pas sans doute le bonheur...

ÉMERIC.

Voilà le plaisant! c'est que je ne la connais pas: mais on la dit charmante, jeune, jolie, spirituelle; des talents, de la grâce et un cœur qui à lui seul, vaut cent fois mieux encore... Si le cœur y est, je me soucie peu du reste.

ALICE.

Et riche probablement?

ÉMERIC.

Quant à cela, je n'en sais rien : Je ne suis pas de ceux qui font du mariage une affaire de Bourse, et je ne joue pas sur le bonheur comme sur le trois pour cent ou les chemins de fer : Je veux aimer et être aimé et cette valeur n'est pas cotée chez les agents de change; aussi, je suis bien décidé à n'épouser qu'à bon escient.

ALICE.

C'est preuve de prudence.

ÉMERIC.

Qui sait? avec mon système, c'est peut-être le contraire; mais que voulez-vous, je suis ainsi fait. On m'a prédit que je me marierais en poste : je ne sais trop ce que cela veut dire ; mais j'aime les improvisations et un mariage d'inspiration ne m'effrayerait pas... aussi avec mon moyen...

ALICE.

Ah! il y a un moyen? Et... quel est-il?

ÉMERIC.

Le plus vieux et le plus invraisemblable de tous... ce sont ceux-là qui réussissent toujours... à compter de ce moment, le comte Émeric d'Assainvillers devient un simple voyageur... le représentant d'une maison de commerce quelconque... ou bien un touriste égaré, je ne sais pas encore : cela dépendra des circonstances... Je me présente au château, je fais mes offres, on m'accueille : en Bretagne, c'est comme en Écosse, l'hospitalité se donne très-facilement... je vois la jeune fille, je l'étudie, je l'observe, etc., et vous comprenez qu'en deux heures, je la connaîtrai cent fois mieux, que si je me présentais tout caparaçonné, dans mon harnachement matrimonial.

ALICE.

En effet.... et alors ?...

ÉMERIC.

Comment, alors?... Alors, comme je suis bien décidé à n'engager ma vie qu'à celle qui me plaira, qu'elle soit noble ou bourgeoise, riche ou pauvre, alors j'épouse... ou je me sauve, avec les cadeaux que je lui apporte.

ALICE.

Des cadeaux ?

ÉMERIC.

Oui, les bijoux d'accordailles... Mais en attendant, comme je meurs littéralement de faim, vous seriez doublement ma bienfaitrice, si vous vouliez me faire servir quelque chose...

ALICE.

Comment! (A part.) Il me prend pour l'aubergiste !

ÉMERIC.

Oh! comme vous voudrez : du chaud ou du froid ; pourvu que ça ne tarde pas trop... vous êtes je le vois la fille du maître de céans?

ALICE, à part.

Quelle idée!... au fait pourquoi pas? (Haut.) Précisément, monsieur; pour vous servir.

DUO.

ÉMERIC.

Pour me servir? Oh! ce sera facile.

ALICE.

Tant mieux alors! car, daignez pardonner,
On est allé nous chercher à la ville,
Tout ce qu'il faut pour faire à déjeuner.

ÉMERIC.

Auprès de vous j'attendrai, je vous jure :
Ici le temps me paraîtra bien court.

ALICE.

Et, que dira, monsieur, votre future?
On vous attend.

ÉMERIC.

J'ai pour moi tout un jour.

ENSEMBLE.

ALICE.

La plaisante aventure!
Le hasard est charmant!
Il a bonne tournure,
Il est fort bien vraiment!

ÉMERIC.

Quelle douce figure!
Et quel regard charmant!
J'admire sa tournure,
Elle est ort bien vraiment!

ÉMERIC.

Si ma future avait du moins vos charmes!
Si dans ses yeux brillait tant de douceur!

ALICE.

Eh quoi! monsieur...

ÉMERIC.

Oh! calmez vos alarmes,
Ce n'est pas moi qui parle, c'est mon cœur.

ALICE.

Je n'en crois pas un mot, je vous assure

ÉMERIC, s'approchant.

Rien n'est plus vrai, je parle sans détours.

ALICE, s'éloignant.
Et que dira, monsieur, votre future?
On vous attend...

ÉMERIC.
Ah! j'attendrai toujours.

REPRISE DE L'ENSEMBLE.

ALICE.
Je crois que l'aventure!
Va trop loin cependant!
Il a bonne tournure,
I est fort bien vraiment.

ÉMERIC.
Je crois que ma future!
N'a pas cet air charmant!
J'admire sa tournure,
Elle est fort bien vraiment.

SCÈNE IV.

Les Mêmes, LE MARQUIS.

TRIO.

LE MARQUIS, entrant.
Enfin! je sors de la cuisine!
On va servir à déjeuner.

ÉMERIC, à part.
Ah! c'est le maître j'imagine!

ALICE, à part.
Mon père! Il va tout deviner!

LE MARQUIS.
La broche en ce moment travaille,
On est allé tirer le vin :
Et nous pourrons vaille que vaille
Improviser un bon festin.

ÉMERIC.
Tant mieux! car moi, je meurs de faim!

LE MARQUIS.
Quel est cet étranger, ma fille?

MARIAGE EN POSTE.

ÉMERIC.

Je suis...

ALICE, vivement.

Un commis-voyageur.

LE MARQUIS.

Un commis-voyageur!

ÉMERIC, à part.

Moi! commis-voyageur?

ALICE, bas à Émeric.

Laissez-le dans l'erreur.

ÉMERIC.

Je suis un commis voyageur,
Qui va portant sa pacotille,
Et si vous êtes amateur,
Je fournis bien, sur mon honneur!
En affaire, je suis bon drille :
Le gain ne tente pas mon cœur.
Et si vous êtes amateur,
Je fournis bien, sur mon honneur!

ENSEMBLE.

LE MARQUIS, à part.

C'est quelque pauvre diable!
Qui vient vendre en ce lieu!
C'est être charitabl
Que de l'aider un peu.

ALICE, à part.

C'est fort invraisemblable!
On en fera l'aveu!
Mais je suis excusable
En le servant un peu.

ÉMERIC, à part.

La ruse est impayable!
J'en dois faire l'aveu!
Voyons si cette fable
Peut réussir un peu.

LE MARQUIS.

Que vendez-vous?

ÉMERIC, embarrassé.

Qui! moi? mais à bien prendre,

Je vends, je vends...
(A part.)

Ma foi, je n'en sais rien.
ALICE, vivement.

Un peu de tout.
LE MARQUIS.
Vous pourriez donc nous vendre?...
ALICE, vivement.

Quelques bijoux!
ÉMERIC.
Vraiment, vous tombez bien,
Ce commerce est le mien.
LE MARQUIS ET ALICE.
Ce commerce est le sien!
ÉMERIC.

(A part.)
J'ai justement l'écrin de la future!
(Haut.)
Parbleu, monsieur, je le dis entre nous,
Je puis céder, au vrai prix de facture,
L'assortiment des plus charmants bijoux.

REPRISE DE L'ENSEMBLE.

LE MARQUIS, à part.
C'est fort invraisemblable,
On en fera l'aveu;
Il est plus que probable
Qu'il nous attrape un peu!

ALICE, à part.
C'est fort invraisemblable,
On en fera l'aveu :
Mais je suis excusable
En le servant un peu.

ÉMERIC, à part.
La ruse est incroyable,
J'en dois faire l'aveu ;
Voyons si cette fable
Peut réussir un peu.

(Il va prendre un écrin dans la poche de son pardessus.)

LE MARQUIS, s'avançant.
Voyons cela!
ALICE, à part.
Comment sortir de là?
ÉMERIC, ouvrant l'écrin.
Les bijoux... les voilà!
ALICE.
Comme c'est beau!
LE MARQUIS.
C'est magnifique!
EMERIC, à part.
Parbleu! du Lemonnier tout pur!
ALICE.
Voyez la belle mosaïque,
Et ce collier d'or et d'azur!
ÉMERIC, à part.
C'est très-flatteur pour le futur.
LE MARQUIS, à part.
Il l'a volé, j'en suis bien sûr.
ÉMERIC, faisant chatoyer les bijoux.
Alouette,
Joliette,
Qui volez
Et chantez,
Montez vite,
O petite,
Et n'approchez
Des trébuchets.
Ainsi chantait Jeannette, fille sage,
Tout en gardant ses agneaux dans les bois;
Quand apparut le seigneur du village,
Qui fut séduit en entendant sa voix.
Il s'approcha... vit rougir la fillette,
Puis, non loin d'elle, il finit par s'asseoir...
C'était peut-être, hélas! une alouette
Qui se laissait prendre au miroir.
ALICE, à part.
Que veut-il dire avec cette alouette
Qui se laisse prendre au miroir?

LE MARQUIS, de même.
Que chante-t-il avec son alouette,
  Qui se laisse prendre au miroir!
  (Bas à Alice.)
  Il veut nous donner le change,
  Certe, il se moque de nous...
  Un colporteur!... C'est étrange !
  (Haut à Emeric.)
  D'où tenez-vous ces bijoux ?
ÉMERIC, avec embarras.
  Mais, je les fais moi-même.
LE MARQUIS, montrant l'écrin.
  Et ce chiffre que voilà?
ÉMERIC, cherchant.
  Ce chiffre... c'est un emblême.
LE MARQUIS, montrant l'écrin.
Puis encore ces armes-là,
  Expliquez-nous donc cela.

ENSEMBLE.

ÉMERIC, à part.
Diable, j'oubliais cela!
  ALICE, à part.
J'avais oublié cela.

ÉMERIC.

DEUXIÈME COUPLET DE L'ALOUETTE.

« J'ai des colliers, de l'or et de la soie :
Veux-tu, dit-il, partager, mes trésors?
Un peu d'amour ferait toute ma joie !
Cède ô ma mie à mes brûlants transports. »
Jeannette alors laissant choir sa houlette,
Près du seigneur à son tour vint s'asseoir...
C'était, hélas ! notre pauvre alouette,
  Qui se laissait prendre au miroir.

ENSEMBLE.

ALICE, à part.
Que veut-il dire?

LE MARQUIS, de même.
Que chante-t-il?
ÉMERIC.
Allouette,
Joliette, etc.
LE MARQUIS, bas à Alice.
Il veut nous donner le change,
Certe, il se moque de nous;
Un colporteur! c'est étrange!
(A Émeric.)
Quel est le prix de ces bijoux?
ÉMERIC.
Le prix?
(A Alice.)
Fixez-le vous-même,
Et je m'en rapporte à vous.
LE MARQUIS, à part.
On connaît ce stratagème :
Celui de tous les filoux!
ÉMERIC, à Alice.
Choisissez dans ces bijoux.

ENSEMBLE.

LE MARQUIS.
Il est très-vraisemblable,
Qu'il nous trompe en ce jeu;
Il nous fait une fable,
C'est évident, parbleu!
ALICE.
C'est fort invraisemblable,
On en fera l'aveu;
Mais je suis excusable
En le servant un peu.
ÉMERIC.
La ruse est impayable,
J'en dois faire l'aveu;
Voyons si cette fable
Peut réussir un peu.

LE MARQUIS.

Je vous fais compliment ; vous travaillez l'or d'une façon remarquable.

ÉMERIC.

Mais, oui, je fais assez bien le bijou.

LE MARQUIS, à part.

C'est cela, il fait le bijou, comme d'autres font le mouchoir. Quelle effronterie !

ALICE, à part.

Il s'exerce au rôle qu'il devait jouer demain.

ÉMERIC, à part.

Je crois que je passe en ce moment pour quelque Cartouche dans l'exercice de ses fonctions.

LE MARQUIS, à Émeric.

Et vous faites le bijou si facilement, que vous le donnez pour le prix qu'on vous en offre ?

ÉMERIC.

A peu près.

LE MARQUIS, à part.

Le même fait se trouvait avant-hier dans la Gazette des Tribunaux.

ÉMERIC.

Et tenez, si vous voulez me faire servir immédiatement à déjeuner, je supplierai mademoiselle d'accepter cette bague comme souvenir de ma reconnaissance.

ALICE.

Cette bague ?

LE MARQUIS, à part.

Comment, il me prend pour l'aubergiste ?

ÉMERIC, à part.

J'en ferai faire une autre.

LE MARQUIS, à part.

C'est bien cela toujours : façon de placer le produit des vols !

ALICE, qui a examiné la bague.

Mais, monsieur, cette bague est une alliance.

ÉMERIC.

A laquelle il ne manque que deux noms... cela pourra

vous servir un jour... Bientôt... bientôt, s'il ne faut que la beauté du visage et la beauté du cœur pour trouver un mari.

ALICE, à part.

Il est galant !...

LE MARQUIS, qui a pris la bague. — A part.

Eh mais, je ne me trompe pas, ces armes sont celles qui figurent sur le cachet de la lettre que j'ai reçue ce matin... ce sont celles des Assainvillers... (Haut.) Elle est charmante cette bague.

ALICE.

Ravissante !

ÉMERIC.

D'assez bon goût, elle ne m'a pourtant pas demandé un grand travail.

LE MARQUIS, à part.

Je le crois bien ! Quelle audace !... (Haut.) Et vous la cédez pour un déjeuner ?...

ÉMERIC.

C'est convenu... mais à une condition... à deux conditions...

LE MARQUIS.

Ah ! lesquelles ?

ÉMERIC.

C'est qu'on servira le plus tôt possible et que vous voudrez bien déjeuner avec moi.

LE MARQUIS.

Moi?

ÉMERIC.

Vous et votre charmante fille, si toutefois elle veut me faire cet honneur.

LE MARQUIS.

Avec vous? (A part.) Pour nous voler nous-mêmes et avoir plus d'argenterie à enlever...

ÉMERIC.

Eh bien !

LE MARQUIS.

Eh bien... (A part.) C'est cela je vais prévenir l'autorité, **je** garde la bague. (Il la met à son doigt.) J'ai toujours une pièce de conviction.

ÉMERIC.

Acceptez-vous ?

LE MARQUIS.

J'y consens, nous déjeunerons ensemble.

ÉMERIC.

Alors, faites vite; je m'en rapporte à vous pour le menu et je payerai s'il y a de l'excédent.

ALICE, à part.

La situation devient originale.

LE MARQUIS.

Je vais faire dresser la table.

ÉMERIC.

Bravo ! Et n'oubliez pas de faire mettre trois couverts.

LE MARQUIS, à part.

C'est évident !... plus il y aura de fourchettes... Ah ! l'audacieux, le brigand !

ÉMERIC, bas à Alice.

Restez, je vous en supplie : J'ai tant de choses à vous dire !

LE MARQUIS, bas à Alice.

Surveille-le; je vais avertir le maire et les gendarmes... S'il veut s'enfuir, tu crieras au voleur. (Il sort par la porte de gauche en faisant des signes à Alice.)

SCÈNE V.

ALICE, ÉMERIC.

DUO.

ENSEMBLE.

ÉMERIC, à part.
Il nous laisse ensemble,
Je crois que j'ai peur :
D'où vient que je tremble;
D'où naît ma frayeur?

ALICE, à part.

Il nous laisse ensemble,
Je crois qu'il a peur :
D'où vient donc qu'il tremble ;
D'où naît sa frayeur ?

ÉMERIC, à part.

Ah ! c'est qu'elle est vraiment charmante !

ALICE, de même.

Mais c'est qu'il est vraiment fort bien !

ÉMERIC, de même,

Allons, bannissons l'épouvante,
Parlons !

ALICE, de même.

Il ne dira donc rien.

ÉMERIC.

Plus je la vois, plus je l'admire :
Disons-le lui très-poliment.

ALICE, de même.

Si c'est là ce qu'il veut me dire,
C'est fort aimable, assurément !

REPRISE DE L'ENSEMBLE.

ÉMERIC, à part.

Il nous laisse ensemble,
Je crois que j'ai peur ;
Voilà que je tremble,
D'où vient ma frayeur ?

ALICE, à part.

Il nous laisse ensemble,
Je crois qu'il a peur :
Je vois bien qu'il tremble,
D'où vient sa frayeur ?

ÉMERIC, s'avance comme pour parler et n'ose, à part.

Ah ! je ne sais comment m'y prendre !

ALICE, à part.

Bon ! voici qu'il hésite encor !

ÉMERIC, de même.

Tâchons de me faire comprendre ;

Parlons !

ALICE, de même.

Vraiment, c'est un peu fort !

ÉMERIC, de même.

L'aimer, hélas! ne peut suffire :
Disons-le-lui très-poliment.

ALICE, de même.

Si c'est là ce qu'il veut me dire,
C'est fort touchant assurément.

REPRISE DE L'ENSEMBLE.

ÉMERIC, à part.

Lorsqu'on est ensemble,
A quoi bon la peur?
D'où vient que je tremble,
Chassons la frayeur.

ALICE, de même.

Lorsqu'on est ensemble,
A quoi bon la peur?
D'où vient donc qu'il tremble?
D'où naît sa frayeur?

ÉMERIC, à part.

Allons du courage. (Haut.) Mademoiselle...

ALICE.

Monsieur le comte...

ÉMERIC, avec effort.

Cette campagne m'a paru délicieuse... j'ai remarqué des sites ravissants.

ALICE.

En effet, il y a surtout là-bas, à mi-côte, une perspective qui a dû frapper vos regards : C'est une riante vallée pleine d'ombre et de fraîcheur, où gazouille un petit ruisseau qu'on dirait égaré dans la mousse et les fleurs; tenez, on le voit d'ici... (Elle va à la fenêtre.) comme c'est gracieux !

ÉMERIC, regardant.

Le joyeux paysage ! il n'y manque qu'un berger et des agneaux...

ALICE.

Comme dans Florian !

ÉMERIC.

Florian ! Vous connaissez Florian ?

ALICE.

Pourquoi pas ? est-ce que c'est mal de lire des idylles ?

ÉMERIC.

Oh ! non pas, mais...

ALICE.

Vous m'avez effrayée... mais tenez, précisément, voilà le berger demandé... Le voyez-vous là, à gauche, montant la colline suivi de son troupeau ? la pastorale est complète.

ÉMERIC.

C'est ma foi vrai ? (A part.) La pastorale ! Florian !...

ALICE.

Et moi qui n'ai pas là mes pinceaux !

ÉMERIC.

Vous peignez ?

ALICE.

Oh ! un talent d'album : juste de quoi ne pas perdre le souvenir de ce qui m'est agréable.

ÉMERIC, à part.

C'est étrange !

ALICE.

Mais, vous savez : en peinture comme en musique, les albums sont les berceaux où bégayent les talents qui ne marchent pas encore seuls.

ÉMERIC.

Comment ! (A part.) La musique ! (Haut.) Vous êtes musicienne ?

ALICE.

Oh ! le mot est peut-être un peu prétentieux... Musicienne ! non, si, comme moi, monsieur, vous n'accordez ce titre qu'à ces grands génies exceptionnels qui ont ici-bas la double mission de charmer et l'oreille et le cœur.

ÉMERIC, à part.

Quel langage !

ALICE.

Mais si vous entendez par là que je sais mes notes, que je déchiffre tant bien que mal une étude de Marmontel ou une sonate de Beethoven? Oh! alors, oui, monsieur, je suis musicienne, comme tout le monde; ce qui veut dire que je pianote le moins mal possible.

ÉMERIC, cherchant des yeux le piano.

Oh! que vous seriez aimable si vous consentiez à me faire entendre une de ces douces mélodies!

ALICE, à part.

Ah! mon Dieu! et moi qui oublie que mon piano est à soixante lieues d'ici!

ÉMERIC.

C'est que je suis fou de musique!

ALICE.

Comme moi!... Mais... monsieur... je vais vous dire... (vivement.) Ah! c'est que, par malheur, mon piano est à la ville, en réparation... toutes les cordes sont cassées.

ÉMERIC.

Comme cela tombe mal!

ALICE, à part.

Je crois que j'oublie mon rôle.

ÉMERIC, à part.

Peintre, musicienne, de l'esprit, de la grâce, du cœur et belle à ravir! (Haut.) Mademoiselle...

ALICE.

Monsieur?

ÉMERIC.

Avez-vous déjà lu des romans?

ALICE.

Qui! moi? jamais, monsieur.

ÉMERIC.

Eh! bien, mademoiselle, il y a un quart d'heure, en admirant cette douce sérénité qui s'épanouit sur votre front si pur, je vous aurais dit : tant mieux!... Et maintenant... maintenant, je suis presque tenté de vous crier : — Tant pis!...

ALICE.
Et pourquoi, monsieur?
ÉMERIC.
Oh! tant pis... pour moi... parce que cela m'eût évité la peine de vous expliquer une situation qui se trouve généralement au sixième chapitre de tous les romans.
ALICE.
Je ne vous comprends pas.
ÉMERIC.
Un jeune voyageur, un prince, un chevalier inconnu, rencontre sur sa route une jeune bergère : elle est charmante; elle a les grâces de l'esprit et du visage, et, ce qui vaut plus encore, les grâces du cœur; le jeune voyageur la voit... la voir, c'est l'aimer, et...
ALICE, souriant.
Et?...
ÉMERIC.
Et il ne sait comment lui prouver que le vrai peut quelquefois n'être pas vraisemblable.
ALICE.
Bah! dans les romans!
ÉMERIC.
Cela s'explique toujours, oui; mais dans la réalité?...
ALICE.
Mais n'est-ce pas La Rochefoucault qui a dit que la réalité n'est qu'un roman dont le hasard fait les dénouements?
ÉMERIC.
La Rochefoucault! (A part.) Elle cite La Rochefoucault!
ALICE, à part.
Ah! mon Dieu! (Haut.) c'est un livre que... qu'un voyageur a laissé ici et que j'ai lu... Est-ce que c'est un roman?
ÉMERIC.
Non pas : c'est un charmant miroir qui a pour spécialité de réfléchir le cœur humain sous son plus vilain aspect... Non, ce n'est pas le hasard que fait les dénouements; le hasard est aveugle, et je n'aime pas les aveugles!... j'aime bien mieux croire aux douces et paternelles clairvoyances de celui qui, d'avance, a réglé nos destinées; vous me

trouvez sans doute bien orthodoxe, mademoiselle; mais aimer est chose si précieuse que, selon moi, c'est une hérésie que d'en attribuer les chances au hasard.

ALICE, à part.

Il a de nobles sentiments.

ÉMERIC.

Je vous l'ai dit, mademoiselle, je ne cherche ni le nom ni la fortune : j'ai l'un et l'autre; mais, voyons, répondez-moi donc avec toute la franchise qui brille dans votre doux regard; si, comme vous, j'étais né dans l'obscure condition qui n'est pas la mienne et qui ne devrait pas être la vôtre, et que je vinsse vous dire : je vous aime!... Répondez-moi!... que feriez-vous?

ALICE, riant.

Ah çà! mais, monsieur, voilà le mariage en poste dont vous parliez tout à l'heure.

ÉMERIC.

Je parle très-sérieusement, mademoiselle, que feriez-vous?

ALICE.

Eh bien, monsieur... très-sérieusement et avec toute la franchise que vous supposez : si vous étiez... ce que vous dites... je refuserais...

ÉMERIC.

Ah! mon Dieu?... et pourquoi?

ALICE.

Pourquoi?

AIR.

Depuis hier, je suis promise;
Un autre doit avoir ma foi :
Pardonnez donc à ma franchise,
Ma main, monsieur, n'est plus à moi :
A ce mari qu'on me destine,
J'aurais pu renoncer hier,
Mais aujourd'hui, je le devine,
Mon cœur, bientôt en sera fier.

Avant de le connaître,
Je l'estimais déjà ;
Qui sait ? demain peut-être
Je l'aimerai, lorsqu'il arrivera.
Oui, je lis dans mon âme,
Son amour me séduit ;
Je veux être sa femme,
Je veux n'être qu'à lui.

ÉMERIC.

Écoutez-moi, je vous en prie !
A mes serments, croyez enfin.

ALICE.

Plus vous parlez et moins j'oublie
Celui qui doit avoir ma main ;
Oui ! je lis dans mon âme ;
Son amour me séduit ;
Je veux être sa femme,
Je veux n'être qu'à lui !

ÉMERIC, allant vers la table.

Eh bien donc !... si mon cœur ne peut toucher le vôtre
Je garderai du moins le souvenir ;
Ce cœur ne sera point le partage d'un autre ;
S'il souffre, hélas ! il saura seul souffrir.

(Il se dispose à écrire.)

ALICE.

Que faites-vous ?

ÉMERIC, écrivant.

A mon futur beau-père,
Vous le voyez, j'écris en ce moment.

ALICE.

Enfin, monsieur, qu'allez-vous faire ?

ÉMERIC, pliant la lettre qu'il cachète.

Parbleu ! c'est fait : je refuse vraiment !

ALICE.

Vous refusez sa fille ?

ÉMERIC.

Eh ! oui, vraiment !

ALICE, à part.

Il est charmant !

ENSEMBLE.

ALICE.
Oui, je lis dans son âme,
Tant d'amour me séduit;
Je veux être sa femme,
Je veux n'être qu'à lui.

ÉMERIC.
Oui, je lis dans mon âme,
Sa beauté m'a séduit,
Que n'est-elle ma femme,
Hélas! dès aujourd'hui!

SCÈNE VI.

Les Mêmes, LE MARQUIS.

LE MARQUIS, à la cantonade.
Surveillez bien la porte : il va sortir peut-être!
(A part, en avançant.)
Ah! je le tiens enfin !

ÉMERIC, lui présentant la lettre.
A la poste, à l'instant,
Faites jeter, mon cher, bien vite, cette lettre.

ALICE, à part.
Dieu! que fait-il?

LE MARQUIS, à part.
Son cher!

ÉMERIC.
Allez, c'est important!

LE MARQUIS, à part, regardant la lettre.
Cette lettre est pour moi : voilà bien mon adresse :
Que veut dire cela?
(Il l'ouvre.)

ÉMERIC, voulant l'empêcher.
Comment! que faites vous?

ALICE, bas, l'arrêtant.
Laissez-le faire...

MARIAGE EN POSTE.

LE MARQUIS.

Eh! puisque cela presse,
C'est bien le moins que je lise entre nous.
(Après avoir lu.)
Que vois-je! il refuse ma fille!

ÉMERIC.

Sa fille!

LE MARQUIS.

Et d'où vient cet écrit?...
C'est une insulte à ma famille,
Au vieux blason de Boiscivry!

ÉMERIC.

Cette famille?...

LE MARQUIS.

C'est la nôtre.

ÉMERIC.

Ce Boiscivry?

LE MARQUIS.

Monsieur, c'est moi!

ÉMERIC, montrant Alice.

Et cette fille est donc la vôtre?...

LE MARQUIS.

Morbleu! monsieur!... cela se voit.

REPRISE DE L'ENSEMBLE.

ÉMERIC.

Oui, je lis dans son âme,
Voilà l'espoir qui luit!
Elle sera ma femme,
Et peut-être aujourd'hui!

ALICE.

Oui, je lis dans son âme,
Tant d'amour me séduit,
Je veux être sa femme,
Je veux n'être qu'à lui!

LE MARQUIS.

Ce coquin, sur mon âme,

Ici s'est introduit,
C'est encore une trame
Qu'il médite aujourd'hui!

LE MARQUIS, à part.

Voyons un peu ce qu'il va dire.

ÉMERIC, avec humilité.

Marquis...

LE MARQUIS, montrant la lettre.

Qui vous remit cela?

ÉMERIC.

C'est moi, monsieur, qui viens d'écrire...

ALICE, souriant.

Avec la plume que voilà.

LE MARQUIS.

Quoi! cette lettre?

ÉMERIC.

Est mon ouvrage.

LE MARQUIS, montrant la signature.

Cet Émeric...

EMERIC.

Monsieur, c'est moi.

LE MARQUIS.

C'est donc bien vous que j'envisage!...

ÉMERIC.

Vraiment, monsieur, oui, je le croi!

LE MARQUIS, à Alice.

Parbleu! je commence à comprendre!
J'aurais dû m'en douter plus tôt.

ALICE, au marquis.

Ceci ne doit pas vous suprendre :
Nous étions prévenus : c'est son petit défaut.

LE MARQUIS, à Émeric.

Alors, d'après cela, vous refusez, je pense?

ÉMERIC.

Que voulez-vous, une autre avait mon cœur.

LE MARQUIS, regardant Alice.

Et cette autre, monsieur, je devine d'avance...

ÉMERIC, même jeu.
Qu'elle peut, d'un seul mot, me donner le bonheur!
ALICE, feignant de ne pas comprendre, et regardant dehors.
Quelqu'un est là qui vous attend, mon père :
J'aperçois une écharpe!
LE MARQUIS, à part.
Ah! j'avais oublié!...
(Haut.)
De ce pays, ce doit être le maire...
ALICE.
Voilà de quoi, vraiment, être effrayé!...
LE MARQUIS, à part, fort embarrassé.
Accompagné de quatre hommes du poste!...
ÉMERIC.
Vous n'avez pas voulu me faire trop languir :
Voilà ce qui s'appelle un mariage en poste!...
ALICE.
Quoi!... le maire est venu ?...
LE MARQUIS, vivement.
C'est vrai!... pour vous unir!
ÉMERIC.
Ah! ma joie est égale à ma reconnaissance!...
LE MARQUIS, à part.
Ma foi! j'aurais juré que c'était un voleur!...
(Rendant la bague à Émeric.)
Cette bague, monsieur...
ÉMERIC, la passant au doigt d'Alice.
Ce sera l'alliance.
Premier gage d'amour du pauvre colporteur!...

REPRISE DE L'ENSEMBLE.

ÉMERIC.
Oui, je lis dans son âme,
Sa bonté me séduit :
Elle sera ma femme
Enfin, dès aujourd'hui!...
ALICE.
Oui, je lis dans son âme,
Tant d'amour me séduit,

Et je serai sa femme
Enfin, dès aujourd'hui!
LE MARQUIS.
Oui, je lis dans leur âme :
Je comprends aujourd'hui ;
Qu'elle soit donc sa femme
Elle est digne de lui!..

FIN.

TABLE DES MATIÈRES

Bredouille....................................	9
La Laitière de Trianon......................	29
Manche a Manche............................	57
L'Accord parfait..............................	91
La Mort de Socrate..........................	115
L'Amour a l'Épée.............................	141
Loin du Bruit.................................	177
Le Capitaine Roch...........................	205
La Bourse ou la Vie.........................	245
L'Eau de Jouvence...........................	273
Mariage en Poste.............................	301

LAGNY. — Imprimerie de A. VARIGAULT.

LIBRAIRIE DE MICHEL LÉVY FRÈRES

OUVRAGES PARUS FORMAT GRAND IN-18,

à 3 francs le volume.

MADEMOISELLE LA QUINTINIE
Par George Sand 2ᵉ édition. . . . . 1 vol.
LE MARI DE LA DANSEUSE
Par Ernest Feydeau 2ᵉ édition . . . . 1 vol.
LES FILS DE TANTALE
Par Amédée Rolland. . . . . 1 vol.
LES BONSHOMMES DE CIRE
Par l'Auteur des Salons de Vienne et de Berlin. . . 1 vol.
MONSIEUR DE SAINT-BERTRAND
Par Ernest Feydeau. — 2ᵉ édition. . . . . 1 vol.
LA POSSÉDÉE. — LE COLONEL PIERRE. — LE DOCTEUR ROGER
Par Henri Rivière . . . . 1 vol.
UN DÉBUT A L'OPÉRA
Par Ernest Feydeau. 2ᵉ édition. . . . . 1 vol.
AU BORD DE LA SAONE
Par Victorine Rostand, avec Préface de Jules Janin. . 1 vol.
L'IRLANDE, SOCIALE, POLITIQUE ET RELIGIEUSE
Par G. de Beaumont. — 7ᵉ édition, revue et corrigée, et précédée d'une notice sur l'État présent de l'Irlande. . . . 2 vol.
LES MONDES. — CAUSERIES ASTRONOMIQUES
Par A. Guillemin. 2ᵉ édition. . . . . 1 vol.
ÉTUDES CRITIQUES SUR LA LITTÉRATURE CONTEMPORAINE
Par Edmond Scherer. . . . . 1 vol.
HISTORIENS, POÈTES ET ROMANCIERS
Par Cuvillier-Fleury. . . . . 2 vol.
NOUVELLES SEMAINES LITTÉRAIRES
Par A. de Pontmartin. . . . . 1 vol.
LE MARIAGE DE GERTRUDE.
Par Mario Uchard. 3ᵉ édition. . . . . 1 vol.
LES FEMMES DEVANT L'ÉCHAFAUD
Par Louis Jourdan. 2ᵉ édition. . . . . 1 vol.
ÉLISABETH ET HENRI IV. 1595-1598
Par Prevost-Paradol. 3ᵉ édition. . . . . 1 vol.
CONTES FANTASTIQUES ET CONTES LITTÉRAIRES
Par Jules Janin. Nouvelle édition. . . . . 1 vol.
NOUVEAUX LUNDIS
Par C.-A. Sainte-Beuve, de l'Acad. française. 1ʳᵉ série. 1 vol.
HISTOIRE DE SIBYLLE
Par Octave Feuillet, de l'Acad. franç. 7ᵉ édition. . 1 vol.
UN DÉBUT DANS LA MAGISTRATURE
Par Jules Sandeau. 2ᵉ édition. . . . . 1 vol.

IMPRIMERIE DE L. TOINON ET Cⁱᵉ, A SAINT-GERMAIN.

www.ingramcontent.com/pod-product-compliance
Lightning Source LLC
Chambersburg PA
CBHW050752170426
43202CB00013B/2395